JN234038

ボランタリー経済と
コミュニティ

文化経済型システムとNPO

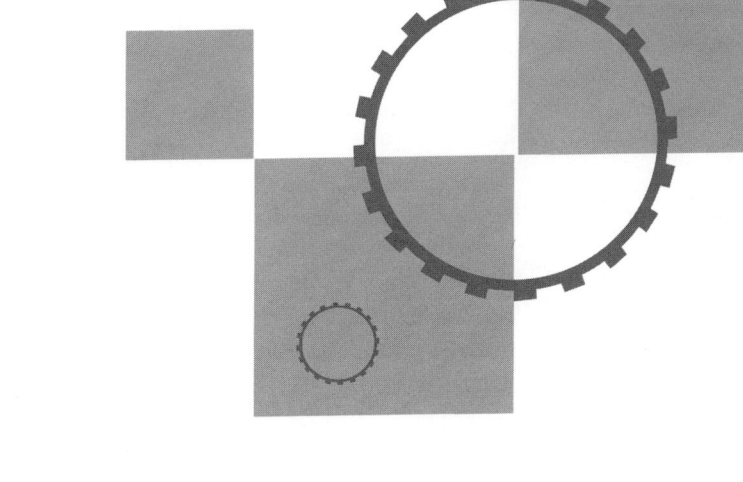

端 信行・髙島 博・編著

はしがき

〔フィランソロピー研究の使命：地域社会の新しいミレニアム（新千年紀）〕
　21世紀には市民参加型成熟化社会の到来が認められ，NPO，NGO の活動とフィランソロピー（＝人類愛，社会的貢献活動）の活用による「ボランタリー経済」の領域の役割を高め，その潜在能力の誘因引き出しは，最重要の政策課題となるであろう。そのため NPO，NGO が新しい世紀を招く原動力となることは明らかな事実であろう。これは，本書のもととなった研究「社会開発・文化開発に寄与する非営利活動とフィランソロピーに関する学際的総合研究」の意図するものである。

　本書は，神戸学院大学「長期共同研究（A）」（1996年4月～1999年3月）の3カ年に亘る約27回の「フィランソロピー研究フォーラム（こうべ）」における研究報告（助言・報告者，パネリストを含め40人の協働の研究活動）と熱心なディスカッションに基づいた学際的総合研究による研究成果の一部である。また本研究は，1993年4月から満6年に亘りつづいている㈶21世紀ひょうご創造協会と「フィランソロピー研究フォーラム」との共同研究活動による一つの研究成果である。次ページに神戸学院大学長期共同研究（A）のメンバーを一覧にして紹介しておく。
　この「フィランソロピー研究フォーラム（こうべ）」のキー・コンセプトは，阪神・淡路大震災からの復興・創生には，地域づくりに参加する市民・企業市民・市民公益団体・国と地方の行政との「共生」(symbiosis) による，ゆるやかな，パートナーシップをとるという，「日本型のフィランソロピー」の仕組みづくりの発展に寄与する研究活動を何よりも大切にすること

をモットーにしている。それは，すべての地域市民とコスモス的レベルにおいて，「共生」による，ゆるやかな，パートナーシップを考える，つくりだすボランタリーの精神（voluntas）を原点に位置づけるものである。

本研究会の，オリジナル・マスコット，「デルファイ」（イルカ）をご覧になっていただきたい。それは「共生」と「知の交流」のキーワードをシンボル化してある。ちなみに，「イルカ」は，「地球・宇宙における秩序と調和をもたらす世界」の発展に貢献できる，人間開発の精神をシンボルとする生きものであり，自然の大海と天空の全体に広がったトータルの「地球人類のコ

〔神戸学院大学長期共同研究（A）研究組織〕

研究代表者　　髙島　　博（神戸学院大学経済学部教授）
研究分担者　　樫原　　朗（神戸学院大学経済学部教授）
　　　　　　　大野　吉輝（元神戸学院大学経済学部教授，
　　　　　　　　　　　　　帝塚山大学経済学部教授）
　　　　　　　関　　　劭（神戸学院大学経済学部教授）
　　　　　　　角村　正博（神戸学院大学経済学部教授）
　　　　　　　伊藤　　茂（神戸学院大学人文学部教授）
　　　　　　　端　　信行（国立民族学博物館第三研究部教
　　　　　　　　　　　　　授・当時）
　　　　　　　植田　和弘（京都大学経済学部教授）
　　　　　　　北村　裕明（滋賀大学経済学部教授）
　　　　　　　山口　一史（元神戸新聞社情報科学研究所所
　　　　　　　　　　　　　長，現ラジオ関西社長）
　　　　　　　島田　　誠（「アート・エイド・神戸」事務局
　　　　　　　　　　　　　長，海文堂書店社長）
　　　　　　　金川　幸司（㈶，21世紀ひょうご創造協会地
　　　　　　　　　　　　　域政策研究所主任研究員）
　　　　　　　植野　和文（元㈶21世紀ひょうご創造協会地
　　　　　　　　　　　　　域情報センター主任研究員，現神
　　　　　　　　　　　　　戸商科大学経済研究所助教授）
　　　　　　　伊藤　裕夫（㈱電通総研研究第二部部長，㈳
　　　　　　　　　　　　　企業メセナ協議会幹事・当時）
　　　　　　　杉谷　健治（サントリー文化財団事務局長）

ミュニケーション」をシンボライズしている。この着想は，フィランソロピー研究会を発展させる源泉となっている。

　本書は，11章の論文によって構成されている。これらの11論文は，3つの部門に分けられる。まず第1章から第4章に亘る4論文は，〔第Ⅰ部，文化経済型社会と NPO, NGO〕に関するものである。次の第5章から第7章までの部門のテーマは，〔第Ⅱ部，社会的経済としての NPO, NGO〕についての調査実証研究である。さいごに，第8章から第11章までの4つの論文のテーマは，〔第Ⅲ部，地域づくりの社会文化開発と企業財団・新しいコミュニティ財団の可能性〕に関するものであり，この分野は，未開拓で漸新な研究をテーマとするものである。
　ここで，本書の概略について述べよう。
　第Ⅰ部の第1章「移動社会と文化経済型システム」（端　信行論文）は，文化経済型社会システムの構造的な課題の提起と移動社会のもつ文化人類学的な接近による考察である。第2章「情報化ネットワークと NPO, NGO」（伊藤裕夫論文）は，情報（コミュニケーション）革命と非営利・非政府組織との関係については，情報革命が世界的レベルで NPO の台頭を促したという見方と，反対に NPO こそが今日の情報革命の主要な担い手としてそれを促進させているという見解があるとしてそれらの考察を展開している。第3章の「姉妹都市を活かした地域環境政策—高崎市の5市間国際交流環境プログラムから」（熊倉浩靖論文）は，文化経済型社会における民際都市間外交としての社会・文化的な地域環境政策についての観点にそって，高崎市と，他の世界4都市間ですすめられる交流・連携への81年から90年までの経緯についての概略を論じ，その後，交流を実らせながら5都市での文化・スポーツ交流のスタートを宣言して展開されている。すでに時代は，"地域規模で考え，地域規模で行動する"時代ではなく，"グローカルに考え行動する"の時代に変わりつつあると認識することにあるといえる。第4章の「ドイツにおける NPO の一形態—連邦の2つのモデルプログラムを中心に」

(豊山宗洋論文)は,ドイツにおける「NPOの一形態である自助集団」を促進するために,1987-91年（旧州を対象）と1991年-96年（新州を対象）の2回にわたって,連邦がモデルプログラムを実施していることに着眼する。豊山論文の特色は,まずドイツのNPOセクターを概観したあとで,自助集団に関する同プログラムの結果をまとめた報告書に基づき,2つの調査時点でドイツに,どういった種類の自助集団がどのくらい存在していたのか,またいかなる機能を担っているのかを,明らかにした研究である。すなわち,第1部は,「グローカル・ライフ」を模索して,それを「共有し合う地球市民の考え方」で,新しいミレニアムの地域社会を提案するものである。すなわち文化経済型社会のNPO,NGOとは,地球市民としての文化・社会・経済の多局面からの人的交流の地球社会創造の実現する新しいウェーブである。

　第II部の〔社会的経済としてのNPO,NGO〕についての概略は以下のとおりである。まず,第5章の「交流社会の地域づくりとNPOの役割——『自治会活動』と『町並み保存活動』を事例に」（植野和文論文）では,社会的経済としての役割を担っている,「まちづくり」「地域問題」にかかわるNPOの課題について数多くの実態調査に基づく,意欲的な考察が行われている。そして,第6章の「景観保全における観光およびトラスト手法の意義とその役割」（金川幸司論文）では,ナショナル・トラストやエコミュージアム,さらには,グリーンツーリズムの諸事例の状況を参考にした研究が行われている。また,第7章の「市民まちづくり会社の現状と課題」（今井良広論文）では,社会的経済としてのコミュニティ・ビジネスとしての「まちづくりNPOの可能性」に関する各地の実態調査の集大成的な考察である。そして第II部の主張するものは,日本の「まちづくりNPO」を考えるうえで,欧米の類似機関との比較を交えながら,「まちづくりNPO」の役割・機能の違いを風土,文化,社会市民のコミュニティ感覚の観点から明らかにしているのは興味深い。

　第III部の〔地域づくりの社会文化開発と企業財団・新しいコミュニティ財

団の可能性〕は，第8章から第11章の4つの研究論文で編成されている。まず，第8章の「企業財団とNPO——サントリー文化財団の活動から考える」（杉谷健治論文）では，「企業とNPOの本質的な違いは」いったい，何なのか，「企業と企業財団の社会的貢献のあり方は」どう異なるのか，また「企業財団は母体企業とどういう関係にあるのか」の幾つかの角度から問い直す方法に基づいて新しい視野からの「企業財団論」の考察が展開されている。つぎに，第9章の「文化NPOの現場からみた文化支援のあり方の一考察」（島田誠論文）では，地域づくりの社会・文化開発のための「新しいコミュニティ財団の設立への指針と課題が提案されている。同論文は，公益信託・亀井純子文化基金と「アート・エイド・神戸」による神戸文化復興基金の現場からその活動が果たしてきた役割の評価と限界を分析し，地域文化を支える財源問題の視点を考察する「神戸ならではの」研究である。そして，第10章の「地域づくりとNPO——参加型社会の形成をめざして：伊賀上野・箕面のまちづくり活動の事例から」（直田春夫論文）では，現在，多くの地域での「市民参加の仕組み」づくりが模索されていることに着目して，「地域づくりのNPO・NGOの政策と実際」を検討するものである。直田論文では，前者の側面から，伊賀上野，箕面の市民活動・NPOの事例を通して，新しい市民参加＝参加型社会のスタイルを展望するもので「地域づくり」「まちづくり」の公益市民活動者の実践からの発言である。

むすびとして，終章の役割をになう第11章の論題は，「地域づくりと日本型フィランソロピーの可能性——文化経済学と財政学的接近からみた試論」である。本章は，地域づくりの文化経済学的研究をフィランソロピーの財政学（フィランソロピー税制）の考察との接点から，地域づくりの非営利団体と文化産業の担い手についての考察を行うものである。

すなわち第Ⅲ部のテーマと，本共同研究を集約する「社会・文化開発に寄与する非営利活動とフィランソロピー」の意義と役割についての考察は，この第11章の任務である。終章では，文化経済学的なアプローチによる「地域づくりと文化開発，文化産業の担い手，地域文化交流の振興策」とのかかわ

りに関する考察をとおして,「市民参加型社会」を支える, 単に舶来概念の単純な輸入ではなく, 真に地についた「日本型のフィランソロピー」の役割について論じている。すなわち, 地域社会の「ボランタリー経済の活力」をつくりだす「フィランソロピー税制改革」の可能性は, 現実的で実践的な政策的含意(インプリケーション)そのものである。このことによって, 市民参加型の社会構築の最低限の社会的「仕組み」として, 非営利活動の「受け手」と「受け皿」の連携を一層強いものにするインセンティブと原動力になる。

　最後に, 本研究課題の研究分担者ならびに「フィランソロピー研究フォーラム(こうべ)」のすべてのメンバー諸氏, ㈶21世紀ひようご創造協会・理事長計盛哲夫氏, ならびに神戸学院大学長・谷口弘行先生に対して, 厚く感謝の御礼を申し上げたい。

　本書の出版へのプロセスは, 昨年の9月中旬,『公益事業研究』vol. 51-1(公益事業学会誌)に掲載された, 著書(『地域づくりの文化創造力—日本型フィランソロピーの活用』㈱JDC, 1999年1月20日刊)の書評(和田尚久先生)の英文タイトルについての問い合わせから, 約10日余りの白桃書房の社長・大矢順一郎氏, 編集部・平千枝子氏の御推挙と御支援の賜の中からで始まる。その後, 平千枝子氏による心温まる御援助, 御助言に基づいて実現できた。これこそ, 白桃書房の人々のフィランソロピー精神であると確信している。この不況の中で, 私達の研究を支えてくれる幾多の人々の御尽力により, 本書『ボランタリー経済とコミュニティ』が出版されることを思い, 厚く, 深く, 感謝申し上げ筆をおきたい。フィランソロピー研究フォーラムは, ニュートラルでナチュラル(荘子の自然〔じねん〕)であるが, その神髄となるものこそ「世の為, 人の為に役立つ働き, 仕事, 活動, 組織とヒトの人材を育成・養成すること」である。2000年へのカウントダウン, それに, 新千年紀(ミレニアム)への新しい地球市民時代の中で, 非営利経済の活動, すなわち『ボランタリー経済とコミュニティ』の研究が, 50年後, 100年後の「Good Society」の建設の活動に少しでも, お役に立てていただ

ければ，編者として，この上ない幸福であると信じたい。新しいミレニアムに幸多かれと祈るものである。

2000年3月31日

    国立民族学博物館博物館民族学研究部教授 **端 信 行**
    神戸学院大学経済学部教授   **髙 島 博**
          （「フィランソロピー研究フォーラム」代表者）

〔本書の執筆担当者〕

(五十音順)

伊藤　裕夫　静岡文化芸術大学文化政策学部教授（第2章）
今井　良広　兵庫県健康生活部環境局環境生活課課長補佐兼政策係長（第7章）
植野　和文　兵庫県立大学経済学部教授（第5章）
金川　幸司　岡山理科大学総合情報学部教授（第6章）
熊倉　浩靖　特定非営利活動法人NPOぐんま代表理事（第3章）
島田　　誠　アート・サポートセンター神戸代表（第9章）
杉谷　健治　サントリーホール企画室長（第8章）
直田　春夫　NPO政策研究所理事長（第10章）
髙島　　博　神戸学院大学経済学部教授（研究代表者）（第11章）
豊山　宗洋　大阪商業大学経済学部助教授（第4章）
端　　信行　京都橘大学文化政策学部教授（第1章）

目次

はしがき

第Ⅰ部 文化経済型社会とNPO, NGO

1章 移動社会と文化経済型システム …………………… 3

1. 文化経済型システムとは ………………………… 3
2. 拡大する文化経済 ………………………………… 4
3. 文化経済化をすすめる経済のソフト化 ………… 6
4. 移動社会の到来 …………………………………… 10
5. 移動の商品化 ……………………………………… 12
6. すすむ文化経済型システム ……………………… 13

2章 情報化ネットワークとNPO, NGO …………… 17

1. はじめに …………………………………………… 17
2. 情報革命と情報ネットワーク社会 ……………… 18
3. NPO, NGOの組織的特性 ………………………… 21
4. ネットワークと市民的公共圏 …………………… 23
5. ラジカル・インターネット・ワールド ………… 25
6. ボランティア・コモンズとしてのNPO ………… 28

3章　姉妹都市を活かした地域環境政策 ……………………………33
　　　——高崎市の5市間国際交流環境プログラムから

1．はじめに ……………………………………………………33
2．プログラム4年間の経緯と成果 …………………………33
3．承徳インターンシップにおける各市の報告 ……………38
4．インターンシップを通して浮上した課題 ………………42
5．南八幡小校区が切り開きつつある地平 …………………43
6．2000年高崎インターンシップへ …………………………46

4章　ドイツにおけるNPOの一形態 ……………………………51
　　　——連邦の2つのモデルプログラムを中心に

1．はじめに ……………………………………………………51
2．NPOセクターにおける自助集団の位置 …………………52
3．ドイツにおける自助集団の現状 …………………………54
4．おわりに ……………………………………………………64

第II部　社会的経済としてのNPO，NGO

5章　交流社会の地域づくりとNPOの役割 ……………………71
　　　——「自治会活動」と「町並み保存活動」を事例に

1．はじめに ……………………………………………………71
2．交流と交流社会の様相 ……………………………………72
3．地域問題の構造 ……………………………………………73
4．共同性の形成とNPOの役割 ………………………………79
5．おわりに ……………………………………………………91

6章 景観保全における観光およびトラスト手法の意義とその役割 …97

1. はじめに …………………………………………………97
2. 自然景観及び町並み保全に当たっての基準とその分類………97
3. 保全手法の種類とコスト負担………………………………99
4. 観光による景観保全の意義 ………………………………102
5. トラスト手法の意義とその条件 …………………………105
6. おわりに …………………………………………………114

7章 市民まちづくり会社の現状と課題 ……………………119

1. はじめに …………………………………………………119
2. まちづくり会社とは ………………………………………120
3. 市民まちづくり会社の事例 ………………………………121
4. 市民まちづくり会社の形態 ………………………………130
   ——一般的特徴と類型
5. 市民まちづくり会社の課題 ………………………………135
6. おわりに …………………………………………………137

第Ⅲ部 地域づくりの社会文化開発と 企業財団・新しいコミュニティ財団の可能性

8章 企業財団とNPO …………………………………………143
   ——サントリー文化財団の活動から考える

1. はじめに …………………………………………………143
2. 企業の社会貢献 …………………………………………143
3. 企業財団とは何か ………………………………………147
4. 財団活動で出会った諸問題 ………………………………150
5. NPOの中の企業財団 ……………………………………152

6．おわりに ……………………………………………………154

9章 文化NPOの現場からみた文化支援のあり方の一考察 …………157

1．アート・エイド・神戸の活動 ………………………………157
2．社会の脊髄としての文化 ……………………………………160
3．文化支援のための財源をどうするか ………………………165

10章 地域づくりとNPO ……………………………………………173
——参加型社会の形成をめざして伊賀上野，
箕面のまちづくり活動の事例から

1．はじめに ………………………………………………………173
2．地域づくりNPOの位置 ……………………………………173
3．参加型社会への戦略 …………………………………………176
4．地域づくりNPOと「参加」 ………………………………181
5．「参加」を支える仕組み ……………………………………193
　——コミュニティ・シンクタンクの必要性
6．おわりに ………………………………………………………198

11章 地域づくりと日本型フィランソロピーの可能性 ……………205
——文化経済学と財政学的接近からみた試論

1．「フィランソロピー」とは何か ……………………………205
2．地域づくりと広義の福祉・文化政策 ………………………206
3．地域づくりの非営利団体と文化産業の担い手 ……………207
4．文化開発と地域文化交流振興の役割 ………………………208
5．地域づくりは「ヒトづくり」 ………………………………210
6．「市民参加型社会」と日本型フィランソロピーの源流 ……212
7．むすびにかえて ………………………………………………214
　——地域社会の「ボランタリー経済」活性化と「フィランソロピー税制」の可能性

第Ⅰ部
文化経済型社会とNPO，NGO

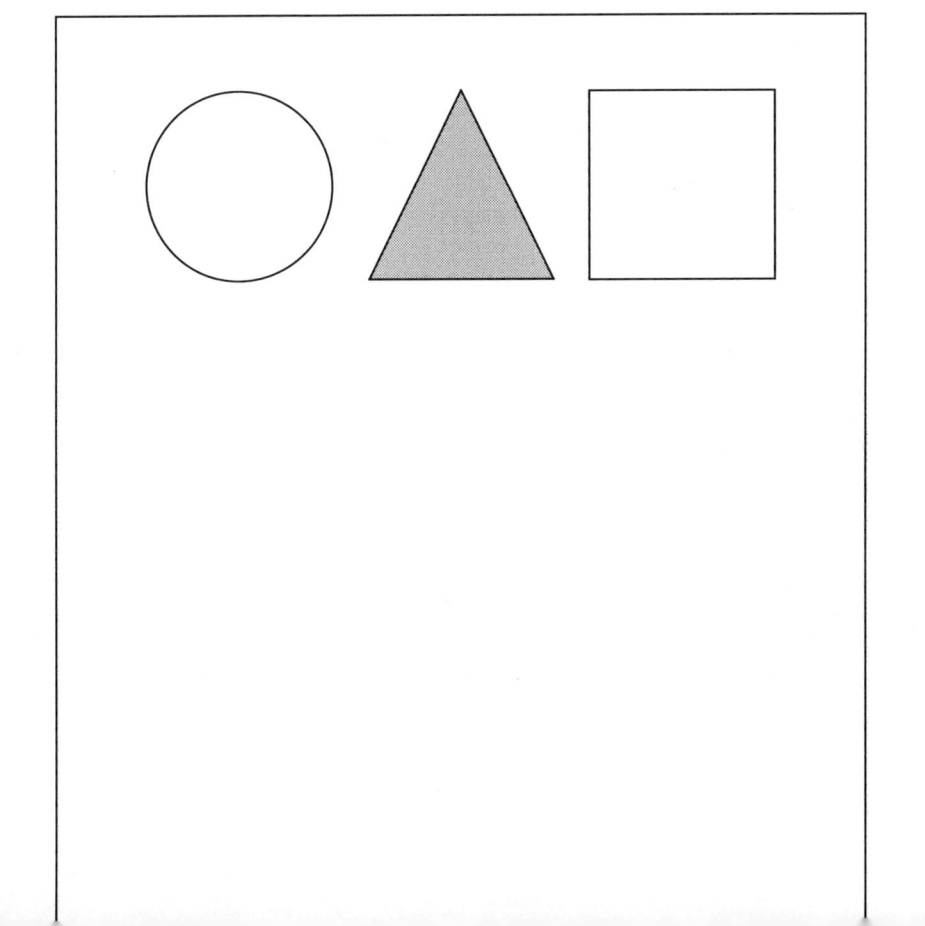

1

移動社会と文化経済型システム

1. 文化経済型システムとは

　いわゆる狭義の文化経済が提供するサービス，例えばクラシック音楽のコンサートは，あらゆる人びとを対象とする意味での広い普遍的なマーケット性を持たない。クラシック音楽に興味のない人にとっては，そのサービスはほとんど価値がない。クラシック音楽は，そして芸術と称するものが，すべての人にとって価値があるというのはいかにも非現実的である。こうした現実については，何もクラシック音楽を例に出さなくてもいくらでもほかに実例を挙げることができる。映画しかり，演劇しかり，スポーツしかりである。

　すなわち文化経済は，提供されるサービスによって集客の対象となるマーケットが細かく分断される傾向がある。映画を取り上げても，その範囲は広い。アメリカ映画からフランス映画，インドやアジア諸国の映画，そして日本映画，ジャンルにしても物語からSFX，コメディーからホラーまで実に多様である。映画が好きだといっても，人はそのすべてを鑑賞しようとはしない。フランス映画のこのジャンルなら見に行こうと決めて，実行する（すなわち支払いを伴う消費行動をとる）のが普通である。サービスのひとつひとつのマーケットは人びとの価値観によって細かく細分されているのである。かなり広いマーケット性を持つと考えられる博覧会のような大きなイベントでも，集客の原理は同じである。

すなわち文化経済とは，一般的には，限定され細分されたマーケット構造をもつ経済だと言うことができる。この点が，文化経済の大きな特徴のひとつとなっている。この点では，各地の地場産業も文化経済に含めてよいかも知れない。本来の地場産業の場合は，産業活動そのものが地場のマーケットつまり立地する地域という限られた範囲の市場によって成立しているからである。しかしこの地場産業の市場のあり方も近年は大いに変化している。

2．拡大する文化経済

　文化経済の大きな特徴の一つは細分化されたマーケット構造だと述べたが，どうもこのところの経済現象を見ていると，この文化経済的な特徴がさまざまな活動の領域に拡大しているように思われる。すなわちいろいろな経済活動において，マーケットの細分化現象が起こっているのである。
　とりわけ人の個性や価値観が直接の消費対象である小売り業とか飲食業といった分野では，この特徴が顕著である。洋品・雑貨の小売店は，いまや趣味，好みの売場といった感がある。単に生活に必要なモノを求めているといった店頭風景ではない。各人が自らの感性を全面に出した，あたかも感性欲求の購買はけ口のようである。店頭に並べられる品物やそのディスプレイにはそれぞれに限界があるから，ひとつの店舗がすべての人を引きつけるというわけにはいかない。そこで各店舗はある程度は顧客を絞らざるを得なくなる。またそうでなければ店はやっていけない。そんな時代になってきているようである。かつてのように何でも揃えているといった特徴のない店舗ではいまは成り立たないのではないか。
　飲食業の分野でも同じことが起こっている。日本社会では，他の分野と同じように飲食の分野でも，明治以降は洋風の飲食が導入され，中華料理とともにすっかり定着してしまった。これらが，近年はエスニック料理が一般化したのに呼応して，一段と専門分野を明確にしてきている。もはや西洋料理だ，中華料理だという分類ですら追いつけないほど，細かく分化している。

中華料理でも，やれ北京だ，広東だ，四川だというし，西洋料理でも，昨今ではイタリア料理が隆盛で，西洋料理といえばフランス料理というわけにはいかなくなってきている。

　こういった現象は，それぞれがマーケットを細かく分化していることに他ならない。かつて大衆食堂といえば，家族が求めるものは何でも揃えているというタイプであった。いまもデパートの大食堂にはそういったタイプの食堂がみられるが，そういったデパートの食堂ですら専門店街化しているのが一般的傾向である。このような専門分化の傾向を見ると，いまやそれぞれの店舗が文化経済化しているといわざるを得ない。各店舗は，あたかもそれぞれが特定の出し物の看板を掲げて劇場化してきているとも言えそうである。

　こうした傾向は何もサービス分野に限ったことではないかもしれない。ひと頃は，メーカーの経営戦略に，多品種少量ということが言われた。多くの生産分野で大量生産でモノが売れる時代は終わったとされ，多様化する消費者のニーズに応えるべく少量の多品種生産が求められたのであった。この生産システムの代表的な例が，トヨタ自動車が生み出し，日本的経営のモデルともなったかんばん方式であった。この方式は，多様化する消費者の注文を受けてから短期間に完成車を組み立てるという，ジャスト・イン・タイムのシステムであった。これは部品在庫を最小にするといういわば経営上の戦略として生み出された方式であるが，多品種少量生産という時代のニーズに応える側面をもっていたために，80年代の強い国際競争力の基礎となったのであった。

　こうした時代をへて，いまや自動車は国民の足となりつつある。1994年の統計では，わが国の乗用車保有台数は約4260万台に達しており[1]，ほぼ国民の3人に1人が乗用車を持っていることになる。ちょうど1世帯に1台ということである。自動車はまさしく国民の足になった。こうなると，人びとにとって自動車を持つ意味が大きく変わることは想像に難くない。かつては自動車を持つことはステイタス・シンボルであった。自動車はもちろんはじめから移動や輸送の道具なのであるが，社会的にそれを所有できる人が限られ

ていた時代は，それを所有すること自体に社会的意味があった。しかしまわりの人びとの誰もが自動車を持つようになると，ステイタス・シンボルとしての意味は失われ，自動車は所有者個人の属性と深く関わるようになってきた。いつの間にか，乗用車などは，女性向きの，あるいは若者向きの，あるいはそれでも少しはステイタス・シンボルとしたい人向きの，あるいはファミリー向きのと，それ自身が多様化の道を歩みだしていた。最近はアウト・ドア向けの自動車が大流行とのことである。

これはどういうことなのだろうか。自動車を持つことは鞄やスーツを持つのと同じという意味で，まさしく個人の属性と関わりはじめたということであろう。国民の3人に1人が乗用車を持つ時代に，まったく同じ仕様の自動車をあまり見かけることがないという，自動車すらいまや所有者の個性の一部をなすようになってきているのである。となると，これはもはや立派な文化経済だということができる。いまや自動車は，個人がコンサートへ出かけたり，アクセサリーを買ったり，友人と余暇を過ごしたりするのと，同じ感覚で所有されるのである。ということは，自動車産業は人びとにとってコンサートの主催者やファッションメーカーやブティックと同じ経済領域に住みはじめたのである。もちろん現実の自動車メーカーは，海外市場も抱えていることだし，とてもそんな経営感覚は持てないと思われる。しかし，消費する側にとってはメーカーの考えなどどうでもよいわけで，人びとは明らかに自動車を新しい個人的持ち物ととらえつつあることが重要なのである。

ということは，もはや万人のための車など無いといってもよいであろう。自動車はいまや感性という海の中で細かく個人によって選択されているのである。あたかも芸術分野の一つ一つが選択されているかのように。自動車産業も明らかに文化産業化しつつあるのである。

3．文化経済化をすすめる経済のソフト化

こうした変化はもちろん国民経済にも明確に表れている。いわゆる経済の

ソフト化とか経済のサービス化とか言われたのがそれである。経済のソフト化がいわれたのは80年代に入ってからであり、当時は「ソフトノミックス」なる用語すら生まれた[2]。

経済のソフト化という場合には、次の3つの変化を意味するとされている[3]。第1は、経済のサービス化である。これは言い換えれば、産業構造におけるサービス業を中心としたいわゆる第三次産業の比率の増大である。第三次産業の総生産は年々増え続け、手元の統計でも、すでに第三次産業の全国総生産に占める割合は66％（1991年）を超えている[4]。単純に言えば、生産高のみの視点では、いまでは国民経済の7割近くが第三次産業で成り立っていることになる。文字通りのサービス経済化が進行しているということであろう。

サービス経済とは、いわばモノの売り買いが介在しないか、もしくはモノの売り買いが介在しても経済行為としてはそのモノ（物体）が本質的な意味を持たず、一般的に言えば、提供された狭義のサービス行為や情報に対して代価を支払うことによって成り立つ経済であると言える。わたしたちは毎朝、新聞を買っているが、この場合は新聞の中身（印刷された内容）が問題なのであって、モノとしての新聞紙に代価を払っているのではない。あるいはまた、レストランで食事をとるにしても、調理された料理という味覚の対象に代価を支払っているのである。これらは経済行為の中にモノの売り買いが介在しているが、モノが経済行為の本質でないことは明らかである。

こうした経済行為は、演劇観賞やコンサート鑑賞と経済行為としては変わるところがない。純粋なサービス経済とはまさしく文化経済そのものなのであるが、いわゆるサービス経済といわれる分野、またひろく第三次産業と呼ばれる分野が増大し拡大すればするほど、経済は文化経済化しているのである。

経済のソフト化を示す第2の傾向は、モノづくりにおけるソフト化の進展である。モノづくりはいわゆる製造業であってほぼ第二次産業の分野と考えてよいが、この分野でのソフト化が著しい。製造分野におけるソフト化と

は，製造工程における研究開発費やデザイン開発費の比率とか販売における広告宣伝やマーケティング，ひいては経営管理といったいわば情報の管理運営費の比率の上昇をいう。

　すでに前項で近年の自動車販売の個人化の傾向についてふれたが，その背景には製造工程そのもののソフト化が認められるのである。最近の経営問題では，明けても暮れてもR＆D（研究開発）が叫ばれ，80年代半ばのC＆C革命以来，技術革新の波がとどまるところを知らないようである。いまやどのようなささやかな商品でも，新しい技術の応用がなされ，研究開発の成果が持ち込まれている。商品を手にとっても，それはもはやモノという感じはない。それは科学技術の固まりであり，研究成果の発表を競っているかのようである。食品であれ，玩具であれ，家電製品であれ，住宅であれ，製品のすみずみにまでR＆Dの成果が認められる。

　その一部はデザイン開発とも深く関わっている。デザインにもいろいろな側面があろうが，一般的には，製品のかたちの開発として認められている。近年の製品デザインはますます人の感性全体を快適に刺激する方向へ向かっているようである。わが国の製品の技術的達成度は高く，消費者は使用目的の達成度に対する不安感はほとんど持たなくなっている。どの製品でも能力にほとんどかわりはないと皆が思っている。その中であえてどれかを選ぶとなると，人は何を基準に商品を選ぶのであろうか。そこではモノ自体については色彩やかたち（形状や大きさ）が大きな選択の基準となる。まさにデザインである。

　ただ人は，純粋にデザインのみで商品を選ぶというわけでもない。人の心はもっと複雑であり，いろいろ思い悩むケースも多いようである。デザインに対抗するもう一つの大きな選択の基準は，ブランドである。あるいはメーカーのイメージとでも言おうか。つまり消費者にとっては，その製品をどのメーカーがつくっているのかが，もう一つの大きな選択の基準となっているのである。ここでデザインはキャラクターに転化する。キャラクターはメーカーのイメージを固定する働きをするのである。

ここまでくると，製品とは何であろうかと改めて思い返したくなる。本来は何かの用途のために造り出された道具である。用が足せればそれで十分ではないのかとも思われるが，しかし現実のマーケットはそうではない。もはや用が足せるといったことは問題ではないのである。それよりは，このメーカーがつくっているこのデザインのモノが欲しいとなる。モノづくりのソフト化はここまできているのである。モノの価値を情報が決定しはじめているのである。

　さらに第3には，経済のソフト化の傾向は，家計消費の動向にも明確に示されている。家計支出の中で，保健医療，交通通信，教育，教養娯楽などといったいわゆるサービス消費の占める割合は年々上昇しており，1985年には50.4％であったが，93年には54.0％にまで上昇している[5]。とりわけ目立って上昇しているのは，交通通信と交際費を含む諸雑費の項目である。保健医療と教養娯楽費がそれに次ぐ伸びを示している。これに比べて，住居費と光熱水道費を別にすれば，食料費，家具家事用品費，被服履物費などはほとんど変化していない。家計構造は明らかにサービス化の方向をたどっているのである。

　こうした傾向は，人びとの消費意欲の動向とも深く関わっている。よく知られているように，近年の人びとの消費意欲は，レジャーや余暇生活の分野への関心が年々高まっているが，その他の住生活とか耐久消費財への関心はほぼ頭打ちの状態にとどまっているのである。日本人の住生活については何かと問題の指摘されるところであるが，耐久消費財についてもいまやそう関心が高くないところをみると，これからの日本人の家計の動向はやはりレジャーや余暇生活を中心に動いていくことは明らかであろう。

　この問題はこれからの経済社会のあり様を決定づける重要なテーマと考えられる。なぜならレジャー余暇生活以外の分野に対する消費者の意欲が今後そう伸びないとすれば，これからの経済はひとえにレジャー余暇生活の分野の拡大に向かっていくからである。近年の家計消費における交通通信費や教養娯楽費の伸び率の高さもそのことを暗示させる。もちろん住居費や耐久消

費も生活の基礎である限り，そのウエイトは決して低下するものではないであろう。しかし経済がこれからも成長するとすれば，その成長する部分は家計の側から言えばレジャー余暇生活の分野ということになるのである。家計のソフト化は今後ますます進んでいくことであろう。

4．移動社会の到来

　文化経済化がすすむいま一つの大きな要素として，経済のソフト化とともに，移動社会の到来ということを指摘しておきたい。すでに家計消費の分析の中にもこのことは示されていたが，家計消費の中での交通通信費の伸び率は，80年代に入り急激に高くなり，84年以降は毎年前年比9％台の伸びを示しているのである[6]。あたかも高度成長なみの伸び率である。この交通通信費の高い伸び率が何を意味するのか。

　長引く平成不況といわれるなか，人びとの移動は相変わらず盛んで，いっこうに衰えるところがない。年末年始やお盆休み，ゴールデンウィークだけではない。最近では新幹線に，高速道路に，そして飛行機にと，人びとは年中移動している感がある。最近では誰もがやけに忙しくなったという感じがするらしい。その原因は移動にあるように思われる。交通手段が便利になっただけ，A地点で会合をして，B地点で打ち合わせを行い，C地点でアポイントを取ってという営業マンが当たり前になっているらしい。関西に住んでいる筆者なども，東京への出張はもっぱら日帰りが普通になった。関西圏でも出かけるとなると，まだまだ1日がかりのところが多いことを考えると，東京は京阪神間なみの距離感の中にいるといったところである。

　移動が盛んになっているのは国内においてばかりではない。一時の円高も手伝って，空前の海外旅行ブームだそうであるが，1995年にはわが国の海外旅行者数が過去最高の1500万人を超したほどである。日本経済新聞社の調査によると，1回の旅行で1人あたり平均31万円余りを支出しているという。そうすると，95年に日本人が海外旅行で消費する金額が4兆6770億円に達す

ることになる。94年の全国百貨店の総売上高は約8兆8000億円であったから，国民経済としても相当な消費流出になっているわけである。(1995年8月18日付日本経済新聞)

　こうした現象を，モノへの消費意欲の減退が人びとを移動消費に向かわせていると，単純に解していいものだろうか。むしろ現在の日本人の生活水準を考えると，いまやモノへの消費が一定水準に達し，人びとの消費意欲はいま移動消費に向かっている，と解するほうが自然なのではないだろうか。その何よりの証拠が，先ほどの家計における交通通信費の年々の伸び率の高さであるし，また現実の旅客移動量の増加である。

　国内旅客輸送量は1985年以降とりわけ87年頃から急激に伸び始めているのである。具体的に数字をみると，85年（昭和60）の国内旅客輸送量は538億7000万人であったが，88年には731億7000万人となり，90年（平成2）には779億3000万人となっている。85年から90年にかけての5年間のあいだにじつに45％もの移動人口の増加をみているのである。ちなみにそれ以前の数字をみると，例えば75年の国内旅客輸送量は462億人であったので，85年までの10年間で計算してもその伸び率はわずか17％である。それを考えただけでも，85年以降の旅客輸送量の伸びがいかに大きいものであるかがわかる。すなわち80年代後半になって，人びとの移動が急激に盛んになってきたことが，統計的にも示されているのである[7]。

　なぜこのように80年代の後半から人びとの移動が急激に盛んになってきたのか。その背景にはいろいろな理由が考えられよう。交通の利便性が高まった，余暇時間が増えた，所得もいくらかは増えている，余暇を旅行で楽しむ人が増えた等々，いろいろな理由を挙げることができる。しかしのちに明らかにするように，これらはあくまでも背景となる理由にすぎないのであって，ここ数年における急激な変化の直接的理由にはならない。

　むしろ，かくも移動が急激に盛んになってきたということは，何か社会の根底を揺るがすような，大きな変化が起こっているのではないかと思われるのである。例えば消費ということでみるならば，人びとはいまやモノの消費

に飽きて，移動という新しい消費をはじめたとは考えられないだろうか。平成不況の背景にはモノの消費の低迷があるといわれるが，確かにわたしたちのまわりにいますぐ欲しいモノは見あたらない。とりあえず充足している。しかし現代の人びとは消費の欲求を抑えることはできない。その消費の欲求を吸収しているのが移動ではないだろうか。

5．移動の商品化

　もっとも人が移動の消費に走るのにはいくつかの条件が必要である。移動したいと思ったときに時間の余裕や移動手段がなければならない。これは当然である。こうした条件が整っているとしても，しかし人は何処へ向かって移動するのか。これがもっとも肝要である。人が移動したいという欲求を抱くには，まずもってその欲望を刺激する情報というものが必要である。人びとを移動に駆り立てるのはじつは情報なのである。考えてもみよう。人が移動するには，ふつうは目的地がある。確かに目的地をもたない移動も世の中にはあるが，それが際立つということはやはり目的地がある移動が一般的だからであろう。そしてこれまでは移動といえば，何か社会的に必要がある，目的地は当然社会的必要から決まっている，というのが一般的なのではなかったか。ところが現代は少し違うようだ。移動はすでに前提になっている。現代人は移動するのが当たり前になっている。そのうえで，どこに移動するのかが，現代人の欲求の対象となっているのである。そしてその欲求を実現するには情報が必要なのである。いまや何か求めるもの必要とするものが存在するという情報を人は消費し，その結果として移動しているのである。

　80年代の後半になって急激に移動が盛んになってきたということは，社会変化の視点に立つときわめて暗示的である。80年代に入って目立ってきた高度情報化社会の進展は，どうやら人びとの移動の欲望を開発したらしい。18世紀はじめにイギリスではじまった産業革命は工業化社会を招来し，人間を

して工業製品というモノに対する消費の欲望を開発した。いまC＆C革命がもたらした高度情報化社会は、情報化を通じて移動に対する消費の欲望を開発しつつあるのではないか。

このように述べると、そうは言っても人びとはずっと昔からさまざまな移動をしてきたではないか、イギリスなどでは19世紀前半にはすでに鉄道は一般大衆の乗り物になっていたではないかといった疑問が起こるかもしれない。事実はその通りであろう。しかしいまわたしたちが注目しなければならないのは、すでに述べたように、いま起こりつつある移動現象が情報消費というまったく新しい原理にもとづいているという点である。高度情報化社会というならば、その経済は何よりも情報の市場化を前提としなければならない。現代の移動の欲求はこうした情報の市場化が開発したものであると考えられる。

高度情報化以前の移動は何か社会的必要や社会的取り決めが前提となった移動であったということができる。それに対して現代の移動は市場化された情報消費の結果としての移動ということができよう。前者を社会的移動と呼ぶならば、後者は商品的移動と呼ぶことができる。80年代の後半には、高度情報化の進展と相まって、移動の商品化がはじまったのである。

6. すすむ文化経済型システム

移動の商品化がはじまると、文化経済の進展は一層すすむことになろう。それはすでに家計のソフト化においてみたように、交通費を含むサービス支出を増加させることにつながることはあらためて言うまでもない。移動には飲食、宿泊をはじめとするさまざまな活動が付随することは当然であるから、他のサービス支出も増大させることになる。したがって移動社会は、家計からみれば、ますます文化経済を拡大することになる。

そればかりではない。移動の商品化とは、その前提として情報の消費があると述べた。この情報の消費こそが文化経済の本質であろう。狭義の文化経

済学といえば，演劇や音楽会といった上演芸術を中心とする芸術活動の経済学的分析をさすが，それ自身は情報の消費で成り立っていることは明らかである。これらはあらかじめ決められた料金を支払って入場し，しかるのち情報を消費する。入場した以上は，与えられた情報に満足しようが不満足であろうが，もはやその場での料金支払いには反映しない。文化経済は，情報消費というその本性から考えて，代金の先払いが原則である。

　代金を先に決めて，先払いをするというのは，近年流行のプリペイド方式である。プリペイドカードがいち早く取り入れられた分野が鉄道と電話であったことは，じつに興味深い事実である。先に家計は交通通信費とひとまとめになっていたが，プリペイドはこの分野からはじまったのである。もともとプリペイドが文化経済のが原理であるとすれば，交通通信もいまや立派な文化経済ということになる。

　そうした移動が前提となって，旅行や地域の情報誌がじつに豊富になってきている。ついこの間まで，旅行の案内本といえば2，3種類しかなかったと思われるほどであるが，現在は選ぶのも大変なほどの数である。いまではこうした情報誌を利用しないと，行った先にどういうものがあるのか，それにアクセスできるのかどうかなど，見逃す恐れすら感じる。まったく劇場と同じなのである。先に多少の案内（チラシ）などで情報を得て劇場に行き，演劇なり音楽会なりを鑑賞する。そこでの満足度は，事前の情報が多いほど予測とのズレが少なくなる理屈である。移動社会はまさしくわたしたちの社会に文化経済をもたらすのである。

注

1）　トヨタ自動車（1995）
2）　1980年代には，大蔵省財政金融研究所を中心にソフトノミックス・フォローアップ研究会がもたれており，その成果はソフトノミックス・シリーズ（全37巻）として刊行された。
3）　大蔵省財政金融研究所研究部編（1986）
4）　総務庁統計局編（1995）

5）家計消費研究会編（1994）
6）家計消費研究会編（1994）
7）総務庁統計局編（1995）

参考文献
大蔵省財政金融研究所研究部編『ソフト化・サービス化の国際比較』（ソフトノミックス・シリーズ17）大蔵省，1986年
家計消費研究会編『家計簿からみたニッポン1994』大蔵省，1994年
総務庁統計局編『日本の統計1995』大蔵省，1995年
トヨタ自動車『自動車産業の概況1995』1995年

2

情報化ネットワークとNPO, NGO

1. はじめに

　情報(コミュニケーション)革命と非営利・非政府組織 (nonprofit/non-governmental organization, 以下NPO, NGOと呼ぶ) との関係については，情報革命が世界的なレベルでNPO, NGOの台頭を促したという見方と，反対にNPO, NGOこそが今日の情報革命の主要な担い手としてそれを促進させているという見方がある。

　前者の代表的なものとしては，例えば米国ジョンズ・ホプキンズ大学のサラモン (L. M. Salamon) が，NPO台頭の背景としてあげる「4つの危機と2つの革命的変化」[1]がある。4つの危機とは，近代福祉国家の危機（過大な社会福祉支出による民間投資の阻害），開発をめぐる危機（国際的なレベルでの貧困＝南北問題），環境汚染の危機（地球規模の環境悪化），社会主義の危機（中央指令型経済の失敗）のことをさしている。これらは「国家（政府）の能力に対する市民社会の不信」をもたらした。また2つの革命とは，1970〜80年代に起きたコミュニケーション革命と，60年代以降の世界経済の成長がもたらした世界規模の「市民」革命（その仕上げが89〜91年の東中欧・ソ連の社会主義崩壊であった）のことで，「社会・技術上の歴史的変化によって，人間の必要性に一層効果的に対応できるような，（政府に代わる）組織創設への道」が開かれた。そしてこれらの結果，「政府の枠組みの外側で公共の目的を追求する大規模な独立的民間機構」の台頭が促された，

という見解である。

　後者の立場には，パーソナルコンピュータやインターネットの発展・普及には，70年代のカウンターカルチャーに始まるサブカルチャーの担い手としてのさまざまなNPOの存在を指摘する人びとがいる。例えば，かつてベストセラーとなった『ホールアースカタログ』の発行人であるスチュアート・ブラント（Stewart Brand）は，「60年代のヒッピー共同体主義とラジカル自由主義が今日のサイバー革命の基礎を形成した」[2]と述べている。具体的には，アップル・コンピュータの創設者である2人のスティーブをはじめ，今日のシリコンバレーのヒーローたちは，カウンターカルチャー華やかなりし70年代に，「自らのことを行え」というスローガンのもと，社会活動においてもビジネスにおいても企業家精神を発揮した。

　もちろん両者の見解は，対立するものではない。とくに後者の見解は，情報革命のNPOに与えた影響も含めてのものであり，どちらの見解に立とうが，要は情報革命とNPOの台頭とは切り離すことのできない深い関係にあるということを示している。

　以下，本章では，まず今日進行しつつある情報革命の社会革命的側面を明らかにしたうえで，NPOの社会機能的・組織的特性——とくにそのネットワーク原理を，自由な言説空間としての「公共圏」という観点から検討し，情報革命におけるNPOの意味を明らかにする。

2．情報革命と情報ネットワーク社会

　一般的に情報革命というとき，われわれが通常イメージすることは，コミュニケーション（情報伝達）メディアの技術革新である。人類史においては，これまでにもいくつかの情報革命があった。文字の発明，印刷術の発明，そして19世紀後半から始まった電子メディアの展開……。しかしこれら新しいメディアの登場は，単に狭い意味での情報伝達の発展に寄与しただけでなく，もっと広く社会のあり方にも多大な影響をもたらした。

例えば，文字の発明はコミュニケーション空間を時間的・空間的に拡大可能にしたことにより，当時進行していた農業革命と結びついて古代国家を生み出す要因となった。また印刷術の発明と普及は，それまでの知識の独占状況を変えたことで，直接的にはルターの宗教改革を引き起こし，2〜3世紀後の市民革命・産業革命を準備した。このように情報革命は，一方でメディア革命であるとともに，他方で社会革命的側面をもった，非常にインパクトの強い社会的革新でもあった。

　では，今日のいわば第3次情報革命（以下，情報革命と呼ぶのはこの現在進行しつつある革命である）はどのような技術革新の連鎖であり，どのような社会的影響をもたらし，21世紀に向けどのような新しい社会を形づくっていくのであろうか。

　今日進行している情報革命は，19世紀半ばの電気通信の実用化に始まる。そしてそれはすぐに国際間の通信手段へと発展し（1851年にはドーバー・カレー間の海底電信敷設が行われ，英仏間でコミュニケーションが可能となった），1865年には最初の万国電信条約が締結されている（同年に大西洋海底電線が完成）。そして19世紀後半には，周知のように電話の発明（1876年），無線電信の発明（1895年）と続くのだが，ここで重要なのは電気通信が最初からもっていた国際的・ボーダレス的な性格である。上述した1865年の万国電信条約は，歴史上初めての国際機構（電信連合：The Telegraphic Union）を生み出すことになるが，これ以降万国郵便連合（1878年）など次々と国際行政連合が誕生し，今日の国連システムに受け継がれていく。

　電子メディアの第2の波は，今世紀に入ってすぐ，ラジオの実験放送の始まりである（米・1906年）。第1次世界大戦後には最初のラジオ局が開局（米・1920年，なお日本では1925年），1929年にはテレビの実験放送が始まる（英）。そして電子メディアの第3の波，第2次世界大戦後の電子計算機（コンピュータ）の誕生（米・1946年）となる。

　しかし，これらの電気通信・放送・コンピュータの発明は，情報革命のいわば前史にすぎない。本当の革命は，今世紀の最後の四半世紀になって，こ

れらが相互に結びつき組み合わされていくことにより始まった。すなわち，情報ネットワーク社会の出現である。あるいは，原島博の言葉[3]を借りていうなら，「人類の第三の生存環境であるメディア環境」の形成で，このメディア環境においてはメディアは単に情報伝達のツールを越えて，人びとがその中で会合し，学んだり，闘ったり，愛し合ったり，また経済活動や政治活動まで行うようになってくる。そうして市民意識や価値観の変革が起こり，社会経済システムまでも大きく変容してくることが，情報革命の社会革命的側面なのである。

　情報ネットワーク社会において市民意識や価値観はどのように変わり，社会経済システムの変容をもたらすのかというと，まずあげられるのがボーダレス化である。国境のボーダレス化は，先にも述べたように電気通信が誕生以来もっていた特性で，今日のインターネットにおいては誰でもが国境を越えてあらゆる情報をやりとりできるようになったばかりか，それを通じて国際的な世論を形成したりして，国際社会を動かしうるようになってきた。他にも，これまで人と人を隔てていたさまざまな壁がボーダレス化していく。企業では社内ネットワークを通して平社員が社長と直接話をしたり，あるいはアメリカでは市民が大統領と直接にコミュニケーションできるようなことが，現に起こってきている。こうしてボーダーが無くなったり低くなったりすることで，人びとの意識や価値観に変化が起こり，経済の仕組みや社会のシステムも従来とは異なるものになっていく。

　情報ネットワーク化による変化の第2は，水平化である。電子メディアでも放送は情報の流れは単方向であり水平とはいえないが，電信・電話やＦＡＸ，コンピュータ通信は双方向で，誰でもが情報発信者となれるものであり，意識の水平化を生み出す。とくにインターネットなど不特定多数とボーダレスに成り立つ水平化は，既存のシステムや権威を否定し，一種の直接民主主義的な関係を作り出していく。

　では，なぜ今日の情報革命が国境をはじめとするさまざまな壁を打ち壊し，また人びとの関係を変革し，新しい市民意識・価値観を生み出していく

のか，近年世界的な台頭が著しいNPOの社会的意義・特性分析を通して考えていくことにする。

3．NPO，NGOの組織的特性

　NPO，NGO（non-profit organization）とは何か。それは一言でいえば，非営利（営利企業でない）・非政府（政府に従属した組織でない）組織で，法的には利益の非配分（not profit-sharing）原則に立つ組織ではある[4]が，本章では組織的な特性から，「自らの信じる価値（こうありたいと求める生き方や社会のあり方）の実現に取り組む組織」といった定義的特性を提出したい。

　「営利目的ではない」ということはどういうことか——それは，金銭という交換可能な，それ故普遍的ではあるがそれ自体には意味がない価値ではなく，具体的な，それ故主観的な意味がこめられた価値（理念）の実現（獲得）が目的である，ということである。そういう意味では，筆者はNPOの原点は宗教にあると考えるものであるが，しかし，今日においてはそうした価値（理念）は，精神的な領域にとどまらず，社会的な領域——教育や社会福祉，健康，環境，文化，人権など人びとの共同生活の中で，市場（交換価値）によっては実現できにくい分野に求められるものである。例えば教育ならば，人が人として生きていくために必要と思われる知識や倫理を教え育てていくことであるが，そこには何らかの「理想的な人間像・社会像（＝価値観）」があって，それが教育活動を行うもののモチーフになっているはずである。

　このように非営利活動のモチーフには，何らかの「かくあるべき」という人の生き方や社会のあり方に関する価値観があり，それを達成しようとする意図（使命感）がある。そして，それらの価値観は決して社会的に公認されたものではなく，主観的な思いにすぎない。しかし，カルト的宗教はいざ知らず，今日の社会で活動するNPOは，自らの価値の実現のためには，その

価値観の共有化（共感化）を推し進めなければならない。この「価値観の共有化（共感）」に，NPO の組織原理・行動原理の特性がある。つまり NPO とは，組織的特性から見れば，価値観の共有に基づいて，その価値の実現のために自発的に活動する——行政が社会的なコンセンサス（としての法令や規則）に基づき公平性を旨に行動し，企業が経済的な価値（利潤）に基づき市場競争を通して行動するのに対し，それぞれがある種の理念・ミッションに基づきその実現に向け自発的に行動する——人びとからなる集団ということになる。

組織の行動原理は，金子郁容[5]によれば，情報の流れを基に，ヒエラルキー型，マーケット型，ネットワーク型の３つに分類できるという。ヒエラルキー型行動原理とは，情報を「上」に集中し権限によって物事を動かしていく仕組みであり，マーケット型行動原理とは，すべての情報を価格に集約させ，それをシグナルに物事を動かしていく仕組みであり，ネットワーク型行動原理は，情報を共有することによって社会にコミットメントする中で物事を動かしていく仕組みである。これらの行動原理を代表する組織としては，基本的にはそれぞれ行政（政府），企業，NPO ということが考えられるが，実際にはそう単純に断定することはできない。

例えば企業をとってみると，企業は外部に対しては市場メカニズムを基本に行動しているが，その内部は，外部環境に大きく左右されるとはいえ，むしろヒエラルキー原理によって組織化されているのが普通である。企業とは市場という大海に浮かぶヒエラルキー（計画経済）の島のようなものといわれるが，これはある面で NPO にも無関係な話ではない。たしかに NPO は，組織として集まる動機が同じ価値（情報）への共感であるため，参加するメンバーの関係もある種の同質性をもったものとなり，したがってメンバー間のつながりも基本的には水平的になるという点では，ネットワーク的ではあるが，このネットワーク自体が逆に閉鎖的な共同社会である「ムラ社会」をつくってきたこともまた事実である。

以下，このネットワークについてもう少し検討することにする。

4. ネットワークと市民的公共圏

これまでネットワークといえば，テレビのキー局を中心とした地方局の系列をさしたり，あるいは共同体の内部における一種の暗黙の意思疎通に基づいた相互依存状態——日本企業における「イエ社会」的構造等をさすものと考えられてきた。しかし，70年代以降のアメリカにおいてさまざまな市民活動の分野で見られるようになってきたネットワークは，これまでのものとは大きく違うところをもっている。それは，これまでのネットワークが基本的に構成者の同質性に依拠するがゆえに閉じられたものであるのに対し，新しいネットワークは構成者の異質性から出発し，また開かれているという点である。

1970年代以降のアメリカで新しく生まれてきたあまたのネットワークの観察を通して，リップナック（J. Lipnack）とスタンプス（J. Stamps）は，それを〈ある目標あるいは価値を共有している人々のあいだで，既存の組織への所属とか，職業上の立場とか，居住する地域とかの差異や制約をはるかに超えて，人間的な連繋をつくりあげていく活動〉[6]と集約した。

「ネットワークとは，われわれを結びつけ，活動・希望・理想の分かち合いを可能にするリンクである。」

「ネットワークにおいては，不一致は許容されるどころかむしろ歓迎される。しかしコンセンサスが共通の目標であることには変わりがない。」

「ネットワークは，人々がそれぞれの領域で現状を乗り越えようとするが故に融合する。…ネットワーカーは，まず他の人々と話し合うことから始め，共通事項を見出して，お互いに満足できる行動計画を立てる。」

このようにNPOにおけるネットワークとは，同質社会において恒常的にあるものではなく，異なる利害や価値観・人生をもった者たちが，共に社会を構成し，共に生きていくうえで，共通する課題について互いに満足できる解決策を模索するとき，初めて生まれるものである。それは，市民社会の中

の「公共的な場（公共圏）」の成立といってもよい。

　ところでわが国では，公共とはこれまで官（政府）とほぼ同義で捉えられがちであった。いやむしろ「社会」「秩序」といったことの類語であったといってもよい。例えば「公私の別」というとき，「公務と私事」というほかに，「政府と民間」「会社と家庭」「仕事と遊び」といったことを思い浮かべる。そこには，公共性とは「広く社会一般に利害を有する性質」（広辞苑）といった一般的な語意を超えて，政府をはじめ，会社，仕事といった今日の秩序体系が意味されている。

　欧米においても，公共性（パブリック）には両義的な語意──「不特定多数に開かれた」という意味（public relations, public school といった用法に見られる）と，「お上，権威を具現化したもの」という意味（public persons, public office といった用法に見られる）はあるが，そもそもは公共性の概念は古代ギリシアの都市国家の中で成立したもので，ハーバーマス（J. Habermas）[7]によれば，家庭における私的生活（生活の再生産）と対比するものとしてポリスにおける公的生活を指し，広場（アゴラやフォーラム）で演じられる共同的なコミュニケーション行為を意味していた。それが中世において領主の支配権を表すものに変質するが，近世になると市民の私的領域の中，商品交易の定期市場において新しい社会秩序を形成する過程の中から，今日的な市民的公共領域（公共圏）が，不特定多数の市民が自由に意見を表明できるサロンやジャーナリズムなどの形成を通して誕生してくる。「サロンやクラブや読書会における民間人の議論は，生活の必要に迫られた生産と消費の循環に直接支配されず，むしろ生活の必要からの解放というギリシア的な意味での『政治的』な性格を，……具えていた」。そしてこうした市民的公共圏が，「議論する公衆」としての市民を再生し，近代市民革命と民主主義の理念を用意していくのである。

　その後，こうした市民的公共圏は，メディアが市民革命で権力を得た一部の特権階級の利害を実現するための大衆操作の道具（営利追求のための宣伝手段や政治権力の掌握・維持のための広報手段）に変ずる中，喪失の危機に

至っていくが，近年になり，再び公共圏の新たな再生が議論されるようになってきた。その要因が，まさに冒頭にあげたサラモンのいう「2つの革命」で，ひとつがインターネットに代表される情報革命，もうひとつが東中欧やアジアで起こった新市民革命である。

情報革命については前述したので，ここでは新市民革命について公共圏との関連で若干補足しておくと，東中欧における「遅ればせの革命」（ハーバーマス）は，1970～80年代に東中欧，とくにポーランドで展開された「市民社会の民主化」にあるといわれている[8]。東中欧諸国では，戦後，共産党独裁の下で何度かにわたる民主化運動の敗退（ハンガリー動乱，プラハの春など）を経て，70年代の半ば頃から，直接的な政治的対決を避け，党の権力のあまり及ばない社会的領域（労働組合や教会，大学，文化活動など）において，市民の自由な言説空間でありかつネットワークともなるアソシエーション関係を創出する活動に取り組み始めた。この非国家的・非経済的な市民活動領域の民主化（アソシエーション形成）から，やがてポーランドの独立自治労組「連帯」をはじめ，チェコの「市民フォーラム」，ハンガリーの「民主フォーラム」などの「政治的公共圏」が成立し，革命につながっていった。

このように公共性（公共圏）とは，異なる利害や価値観・人生をもった人たちが，共に社会を構成し，共に生きていくうえで，共通する課題について互いに満足できる解決策を模索する中で，自らが主体となって問題解決のためのプランを提示し，実行していく活動を通して，初めて生まれるものであり，まさにNPOにおけるネットワークと共通するものである。

5．ラジカル・インターネット・ワールド

さて，話を元に戻して情報革命とNPOとの相互関係について考える前に，現在における公共の場としてのインターネットの可能性について，アメリカの状況を概観しておくことにする。先にも少し触れたように，来るべき

情報ネットワーク社会を今日先取りして部分的に実現しているのが，インターネットである。周知のようにインターネットは，既存のネットワークを相互に連結し，世界を網の目のように覆うようにしたネットワークのネットワークで，そうしたネットワークを誰へだたりなく利用できるようにした（現実は必ずしもそうではないが，理念上はそうしたポテンシャルをもった）情報インフラストラクチャーである。それは，誰でもが空気のように情報にアクセスすることを保障する，来るべき情報ネットワーク社会の基本的人権の基盤となるべきものである。

たしかにインターネットは，その発端は軍事上の要請から生まれたものではある。それは，ネットワークの基準として局所的な打撃を受けても自動迂回によってネットワークを維持できる，分散的なシステムとして考案された。インターネットには，全体を管理するセンターが無く，いわば「統制不能のアナーキー」な性格を有しつつ，しかも同時にオートポイエーシス性をもったシステムとして個別に互いが連携して動くものとして組み立てられている。

1960年代の終盤においてペンタゴンがこのようなネットワークの開発に取り組んだということは，想像をたくましくするならば，これは一種のベトナム戦争の教訓であったと考えられなくもない。当時アメリカはベトナム戦争の泥沼の中にあった。圧倒的な近代的軍備を誇るアメリカ正規軍は，しかしジャングルの中を縦横に走り回るベトコン・ゲリラに振り回されていた。中央集権的な正規軍に対し，ゲリラは分権的であるゆえ局所的な打撃を受けても戦力を維持でき，さらにジャングルの網の目のような通路を熟知していることから，情報は緊密に連携されており有効な攻撃を組み立てることが可能であったからである。

こうしたゲリラ戦の方法を参考にしたのかどうかはわからないが，インターネットの前身であるARPAネットは，驚くほどゲリラ的なシステムであった。すなわちインターネットは，軍事的要請にもかかわらず（否，むしろそれを徹底化することにより）分権的システムを追求することで，それが

軍事から離れる中でラジカルな民主主義を体現するものとなったのである。

こうしたインターネットの性格から，アメリカではアクセスは機会均等でなければならないという考えが強く，情報弱者を生まないようなさまざまな施策が，NPOを中心に行われている。

第1に，コンピュータへの自由なアクセスを保障する，さまざまな教育・訓練・講座が，NPOにより多数行われている。低所得者地域でのコンピュータ教育運動，あるいは高齢者向け，女性向け，身障者向け，外国人労働者向け……，実にきめ細かい形での取り組みが見られる。

第2に，ネットワークへのアクセス保障として，公共端末の整備が進んでいる。NPOを中心とする強い運動もあって，市役所，公共図書館，大学，病院，コミュニティ・センターなど，あらゆる公共施設には何台かのコンピュータ端末が設置され，誰でもが無料で自由にインターネットにアクセスできるようになりつつある。

第3に，電話の市内料金無料化が進んでいる。例えばサンフランシスコでは基本料金10ドル程度で市内電話は無料（加入料は35ドル），しかも低所得者にはライフライン制度が適用されて基本料が半額になる。この電話の市内料金無料と，非営利インターネット・プロバイダーによる安価なインターネット接続サービスにより，家庭でのインターネットの利用もきわめて容易になる。

このようにしてインターネットは，手紙・電話と並ぶ市民にとってきわめて身近なメディア環境となっていくと同時に，手紙や電話といった私的コミュニケーションを越えた世界的・公共的コミュニケーションに市民を誘っていく。例えばこれまである個人が情報を社会に対し発信しようとしても，あまりにも制約が多かった。テレビやラジオといった放送は基本的には政府の許認可が必要であり，一般の個人では自由な情報発信は難しい。アメリカでは分権的な公共放送（PBS）が全米で，テレビでおよそ350局，ラジオで600局あり，市民の参加への道は開かれてはいるが，それでも身近というにはほど遠い。新聞・雑誌の発行はもっと自由だが，経費の問題から個人のレ

ベルではせいぜいミニコミどまりである。それに対してインターネットは，政府や管理企業の統制を受けないうえに，（アメリカのようにユニバーサル・アクセスのための環境が整備されれば）経費も限りなくゼロに近くなる。すなわちインターネットは，政府によるコントロールと経済的な制約を超えた，市民が自らを公共に開いていく有力な武器として，真の市民社会を切りひらいていく。

6．ボランティア・コモンズとしてのNPO

　以上，今日進行しつつある第3次コミュニケーション革命＝情報革命の社会変革性と，NPOの組織的特性，とくにネットワークの意味について，そしてインターネットにおける先駆的な展開を概観してきた。ここで再度，最初の主題に戻って，NPOと情報革命がもたらすこれからの社会のあり方について展望し，ネットワーカーとしてのNPOの意義を考えてみることにする。

　2節で若干触れたように，歴史的にも情報革命はつねに社会革命と密接な連関があった。情報革命が社会革命をもたらしたのか，社会革命が情報革命をもたらしたのかはともかく，それぞれの時代において，自由で公開された言説空間としての公共圏の形成（ネットワーキング）という動きを引き起こすプロセスを通して，両者は深く関わっていたと考えられる。しかし，公共圏は単なる言説空間だけで捉えられるべきものではない。公共圏を論じるうえで，またこれからの市民社会を展望するうえで欠かせない問題は，では政府に代わって，誰が社会の秩序を維持し，また人びとの生活に欠かせないさまざまな社会的なサービスを提供していくのか，という仕組みである。近代市民革命期の公共圏が崩壊していった背景――とくに，公権力が公共圏を簒奪していった背景には，人びとの利己的な欲求をベースとする市場システムだけでは，社会は維持できない，市場をコントロールする外的な権力が必要ということから，公権力としての国家（政府）が要請され，それが社会問題

の肥大化の中で巨大な怪物に成長していったという，この100年の歴史は無視できない。公共圏のもうひとつの問題は，市民自身による自発的なガバナンス（社会の統治）と，自律的な社会サービスの遂行をいかに自己組織化するか，という問題である。

この問題について，参考になるのは，経済学者の宇沢弘文による「社会的共通資本」と，その管理システムとしての〈コモンズ (commons)〉いう考え方である[9]。宇沢によれば，社会的共通資本とは「人間が人間らしく生きていくための，社会にとって共通する財産」のことで，①自然資本（大気，森林といった自然環境），②社会資本（道路，公共交通機関，上下水道，電力など社会的インフラ），③制度資本（学校教育，医療，金融，司法，行政などの制度），の3つの資本からなる。そして，これらの社会的共通資本を管理運営していく形態として，「コモンズ」という伝統的な共同体のもつ仕組みに注目する必要がある。コモンズとは，例えば日本の村々にあった入会地や灌漑用のため池のようなもので，国（支配者）の所有地でも個人の所有地でもない，共同体の成員全員が利用できる共有地で，その機能を永年にわたって維持していくために独特の「掟（ルール）」と管理組織がある，というものである。

このようなコモンズは，近代社会の中ではほとんどが国家（政府）の手にゆだねられ，人びとは税を払うことで，政府から公共サービスという形でサービスを受け取るという形で今日に至っているが，いまこうしたサービスを政府ではなく，社会の中で自律的に担っていくとき，「特定の人びとが集まり協同的な作業を通して社会的共通資本を管理運営する仕組み」としてのコモンズに関心が集まっている。

松岡正剛は，こうした伝統的な共同体に見られたコモンズと，インターネットを対比して，共通点として，マーケット・メカニズムから距離を置いたオーガニック性，組織としての非ヒエラルキー性，セルフガバナンスの原則の3点をあげている[10]。松岡によれば，インターネットのもたらすネットワークとは「ボランタリー・コモンズ（自発する公共圏）」と呼ぶべきもの

で，それは，「自発的参加」（人びとの自発的集合），「情報提供」（情報の提供と交換），「関係変化」（コミュニティの変化，新しい関係性の出現），「編集共有」（具体的な成果の中に方法の共有の発見），「意味創発」（未知の意味の発見と新たな動向の誘発）という5段階からなり，そこには「ルール（自生した規則性＝制度）」と「ロール（自発的にわりふられた役割性＝組織）」ならびに「ツール（交流のための道具性＝メディア）」が存在するという。

このように見るならば，NPOとはまさに現代のコモンズ——松岡の言葉でいうなら「オープン性や組織的ダイナミズム」をもって自発的に形成される「ボランタリー・コモンズ」たるものであり，この議論しあうと同時に自ら実行する行動原理の中から，現代の公共圏（市民社会）が形成されていくと考えたい。

注
1) L・M・サラモン（1994）
2) 岡部（1996）。この文献は，5節の記述に際しても参照した。
3) 尾崎編（1995）
4) 伊藤（1996）
5) 金子（1994）
6) J・リップナック／J・スタンプス（正村監修・社会開発統計研究所訳）（1984）
7) J・ハーバーマス（細谷・山田訳）（1994）
8) 川原（1993）
9) 宇沢（1998）
10) 下河辺・松岡・金子（1998）

参考文献
伊藤裕夫「NPOとはなにか—新しい社会のあり方をめぐって」『全逓調査時報』54号，全逓信労働組合中央本部，1996年
宇沢弘文『経済に人間らしさを—社会的共通資本と共同セクター』かもがわ出版，1998年
岡部一明『インターネット市民革命』お茶の水書房，1996年（この文献は，5節の記述に際しても参照した）
尾崎　護編『21世紀のクォヴァディス』（下）朝日新聞社，1995年

金子郁容「ソーシャルセクターの発想が時代を拓く」『ドラッカーが語る非営利組織の発想と企業講演集』笹川平和財団，1994年

川原　彰『東中欧の民主化の構造』有信堂，1993年

L・M・サラモン「福祉国家の衰退と非営利団体の台頭」『中央公論』1994年10月号

下河辺淳・松岡正剛・金子郁容『ボランタリー経済の誕生』実業之日本社，1998年

J・ハーバーマス，細谷貞雄・山田正行訳『公共性の構造転換（第2版）』未来社，1994年

J・リップナック/J・スタンプス，正村公宏監修・社会開発統計研究所訳『ネットワーキング』プレジデント社，1984年

3

姉妹都市を活かした地域環境政策
——高崎市の5市間国際交流環境プログラムから

1. はじめに

　1981年以来，世界4都市（ブラジル・サントアンドレ，アメリカ・バトルクリーク，チェコ・プルゼニ，中国・承徳）と姉妹・友好都市交流を進めてきた群馬県高崎市は，1990年，5市市長の合意として，各市と高崎市との1対1の交流ではなく，5市間での交流・連携へと関係を深めることを宣言し，5市間での文化・スポーツ交流をスタートさせた。

　そして1995年，「2000年を目標に，地球環境問題に対して地方都市レベルでできる具体的な改善施策や市民活動について協力し合うため，1年1都市の割合で行政スタッフや市民団体を集め，調査・研究し合うインターンシップを開催する」ことを決定した。

2. プログラム4年間の経緯と成果

1　サントアンドレ・インターンシップ "Rainbow Program"

　第1回インターンシップは，1996年4月，ブラジル・サントアンドレ市で開催された。

　サントアンドレは，サンパウロ州東南部にある人口70万人の都市。州都サンパウロよりも早く誕生し，市の紋章には「サンパウロ州民の母なる地」という言葉が刻まれている。ブラジル随一の生産高を誇る自動車産業をはじ

め，近代工業都市として飛躍的な発展を遂げている一方で，環境教育と幼児教育に力を入れている都市でもある。

姉妹都市提携の直接の契機は，群馬県とサンパウロ州の姉妹州県提携。双方の州県における第2の都市であるということから，1981年10月，姉妹都市提携が結ばれた。

サントアンドレは，ブラジル第一の工業地域に立地するだけに，大気汚染や水源地汚染に厳しい目を注いできた都市である。とくに，市域総面積168平方キロメートルの60％を占める地域は，水源法による特別保護地域となっている。ビーリングス湖をつくる2つの河の水源地があり，大西洋岸熱帯雨林の最後の森林地帯が残されているからである。そこで，市民は，ビーリングス湖一帯の保護のため，特別保護監視プログラム「SOS，ビーリングス湖」を制定。また，850ヘクタールにも及ぶ自然環境教育プロジェクト「虹立つ丘 (Recanto Arco Iris)」計画を進めている。

各市から集まったインターンは，2週間にわたって2つのワークショップを開いた。

ワークショップ1は，環境教育施設「虹立つ丘」などの共同視察と意見交換。ワークショップ2が，高崎市の市民活動団体「くらしの会」による廃油・牛乳パックなどのリサイクル実演。バトルクリーク市国際交流委員会のメンバーも，アメリカにおけるプラスチックリサイクルの現状を実物を使って解説した。会場となったのは幼稚園・保育園や公民館。実演の反響は大きく，保育園父母会などで廃油石鹸づくりや手すき紙製作が始まった。

次年度に向けたアクションプランとして，①環境教育教材「私たちの森」を各市で作成し紹介し合うこと，②インターネットを通して各都市の環境についての施策や課題，市民環境活動を共有し合うとともに，本プログラムを世界に発信することが決められた。

2 バトルクリーク・インターンシップ "Sister City Earth Connect"

第2回インターンシップは，1997年6月，アメリカ・バトルクリーク市で

開催された。

　バトルクリーク市は，ミシガン州南部にある，5大湖に囲まれた人口6万人の都市。シリアル（穀類乾燥即席食品）の生産をはじめ，機械，鉄鋼，運輸などの近代産業と恵まれた自然が調和する町。世界熱気球大会の開催場所としても名高い。また，市立劇場，美術館，博物館などの数多くの施設があり，交響楽団をもつ文化都市でもある。

　姉妹都市提携の契機となったのは，バトルクリーク市の最大手企業（ケロッグ社）の子会社工場が高崎にあることや，両市の市民性や文化，自然環境が類似していること。教育文化都市をめざす高崎にとって多くの教訓が得られると，1981年7月，姉妹都市提携に調印。

　バトルクリークでは，過去に適切に処理されずに廃棄された化学物質などで汚染された土壌をさまざまな方法を用いて取り除く努力がなされている。また，アメリカではゴミはすべて埋め立て処理となっているが，埋立地には限りがあるため，廃棄物の減量とリサイクルを最大の課題として，70％の市民や企業がリサイクルプログラムに参加している。

　インターンシップでは協働（partnership）がテーマとなった。アメリカでは，1980年代半ばから地方自治体の財政改革が進み，公共セクターが行ってきた事業の民間委託が急増しているからである。共同視察と勉強会の結果，"Public Private Partnership（自治体と民間企業との協働）"成立のポイントは，単なる経費削減・規制緩和ではなく，民間事業者が活動するに際してのプライバシー保護や公益性の確保，安全を保障するための契約・保険等の制度整備が前提にあることが実感された。

　他市の参考となることがさらに2つあった。

　第1は州・市挙げての庭ゴミ堆肥化である。そこで，高崎市でも，公共施設の庭ゴミ・生ゴミのリサイクルを検討し始めている。

　第2は資源ゴミ分別の方式と姿勢である。バトルクリークでは紙・缶・瓶・プラスチックの4つのコンテナを積んだ資源ゴミ専用回収車が稼働していた。「ゴミはこのように分別するもの」と明示されたシステムが動いてい

ることは実に効果的である。また，バトルクリークが属するミシガン州では，缶・瓶のデポジット料が他州の倍の10セントになっており，環境保全のための地域独自の積極姿勢を学ぶことができた。

そして，①環境教育の推進，②インターネットの活用に加え，③各市市民に対するプログラム情報の提供，④地球環境デーにおける共同行動の実施，⑤シンボルマークの公募，⑥環境保全・緑化推進少年少女絵画・ポスター展の開催，⑦各市固有課題に関する取り組みの深化とその発表および意見交換による前進を次年度に向けたアクションプランと決定した。

3　プルゼニ・インターンシップ "Planet of the People"

第3回インターンシップは，1997年6月，チェコ・プルゼニ市で開催された。

プルゼニは，プラハの西南西88キロメートルにある西ボヘミア地方第2の都市。人口20万人。13世紀末に城塞都市として設立され，1995年には市生誕700年祭を迎えた歴史と伝統をもつ町。ゴシック風の聖バルトロミュイ寺院やルネサンス様式の市庁舎などの歴史的建築物を数多く有し，また，ピルスナービールとシェコダ自動車の本拠地として世界に知られている。文化的にも，オペラハウスや劇場などがあり，音楽教育が盛んな町でもある。

姉妹都市提携の背景は，プルゼニにあるピルスナーウェルケル社がキリンビール高崎工場と姉妹工場の関係を結んだこと。1990年8月，チェコとの日本最初の姉妹都市を締結。

歴史と文化の町，工業都市プルゼニは，中部ヨーロッパの中でも森と湖に囲まれた都市としても名高い。人びとは自然とのふれあいをとても大切にし，恵まれた自然と歴史・文化を次世代へと受け渡していくことを環境施策の柱としている。

インターンシップでは，5市共同の事業として絵画・ポスター展が開催され，シンボルマークが決定された。また，各市から，前年1年間の成果が発表された。サントアンドレは，①各小学校で3m×9mの環境ポスターを全

校児童が作成，②市に環境局を設置，③市の環境基準値を設定，④子ども環境イベントを実施と報告。バトルクリークは，①インターネットや新聞で環境プログラムを紹介，②児童環境絵画展を開催と報告。承徳は，①1000mの布に市民がサインをして環境保全を啓発，②環境教育モデル校を指定，③教師に対する指導セミナーを開催と報告。プルゼニは，①環境ビデオを作成，②動物園で絵画イベントを開催，③小・中・高等学校を通した環境会議を開催と報告。高崎は，①市としての取り組みの現状と，②南八幡小学校環境教育の成果，③地球環境デー10万人大清掃の実施を報告した。

アクションプランとしては，前2年度を引き継ぐとともに，プルゼニ市都市計画に学んで，「環境を重視したまちづくり」を各市で推進するという課題を新たに付け加えた。

4　承徳インターンシップ"緑色行動計画 (Green Action Plan)"

第4回インターンシップは，1998年8月，中国・承徳市で開催された。

承徳市は，北京から約250キロメートルの河北省東北部の漢族，満州族，モンゴル族など18の民族が住む多民族都市。人口340万のエリアを管轄している。明代・清代初期までは清朝政府第2の政治活動の場で，避暑山荘や外八廟など，ユネスコ世界文化遺産に指定された中国を代表する建造物を数多く有す。燕山丘陵地帯の恵まれた気候・風景と観光資源により，観光サービスに力を入れている。農業が主だが，近年，工業にも力を入れている。

1980年高崎市日中友好協会訪中団が初めて承徳市を訪れたときから交流が始まり，農業実習生の高崎派遣などの具体的な交流を重ねて，1987年10月，友好都市提携に調印した。

承徳インターンシップは「都市生態環境保全」をテーマに，プルゼニ会議後の各市研究成果の発表を柱に，避暑山荘や草原生態保護区の保全活動について意見を交換した。

この第4回インターンシップ最大の成果は，3年間のインターンシップを通して各市が何を学び新たな課題に挑戦しつつあるかについて意見を交換し

あえたことである。各市は次のように報告した。

3．承徳インターンシップにおける各市の報告

1　サントアンドレからの報告

　サントアンドレ市は70万を超える人口を有するブラジル有数の工業都市であり，条件が不利な北の地域から，経済的にも気候的にも恵まれたサンパウロ大都市圏に流入してきた人びとが適正な建築許可をとらずに住み着く傾向が強い。違法建築物に住んでいる人びとの数は10万人近くにも及んでいる。とくに，大切な水源保護地域に，こうした不法居住者が2万6000人もおり，環境保全のうえで大きな問題となっている。

　そうした不法居住の裏には経済的・政治的に複雑な社会背景があり，貧困の根本的な解決は困難を極めるが，不法居住を余儀なくしている人びとも含めて，サントアンドレ市とその周辺に暮らす人びとに安全な水を提供し，より望ましい環境を確保することは，サントアンドレ市の最も重要な施策のひとつである。

　そこで，市は，国の空間研究所や州の環境保護局の指導や支援を得た，人工衛星や航空機なども活用したモニタリングや環境マップの作成，各種環境改善施策の遂行とともに，水源保護地域の小・中学校を中心に，地域に根ざした環境教育に力を入れている。

　サントアンドレ市で開催された第1回のインターンシップで，当市の環境教育プロジェクト「虹立つ丘」は高い評価を受け，インターンシップのプロジェクト名も"Rainbow Program"と名づけられたが，同プロジェクトは，ひとつの自然公園での事業だった。そのプロジェクトはさらに進められているが，そこから一歩進めて，学校区内での地域に根ざした環境教育を行うようになっている。

　水源保護地域の環境悪化を何としても防ぎ，地域住民が環境改善・保全に動いてほしいと願っての活動だが，子どもたちによる水質検査や湖や森林の

観察などは，たしかに成果を上げつつあり，人びとの意識・行動を促している。また，水源保護地域以外の学校区でも地域に根ざした環境教育の試みが始まるようなっている。

2 バトルクリークからの報告

市民の緑化活動である「ＢＣグリーン」プログラムについて述べることにする。

このプログラムはバトルクリーク市にあるラエラ緑化協会が中心で行っている市民レベルの緑化プログラムであるが，ラエラ植物園の歴史は1920年代にラエラ・ポスト・モンゴメリーが72エーカーの私有地をバトルクリーク市に寄付したことにより始まる。

その後バトルクリーク市が植物園として改修を行ったが，経済不況などでメンテナンスが難しくなった。そこで1982年に，ラエラ植物園の整備を行うため，ラエラ緑化協会が設立された。いまでは同協会は地域では欠かすことができない緑化団体となっている。そして1993年，ケロッグ財団からの寄付を得て「ＢＣグリーン」プログラムを始めた。

「ＢＣグリーン」プログラムの目的は，①ボランティア活動により，自力では緑化が困難な低所得者層の住宅の緑化を進める。②市全体のさらなる緑化を推進していく。③プロジェクトを多くの人びとに広め，ボランティアを確保するとともに緑化についての関心を高めてもらう。④ラエラ植物園の園芸を中心として，他のグループと共同事業を展開していく，の４点にある。その他，ビジネスや児童教育でも役立っている。

とくに，学校ごとに，課外授業や放課後，土・日などを使って，学校区の緑化を進めており，まるで競争のように学校区の緑化が進み，コミュニティの力が強められている。学校区という考え方を進めるには，高崎から学んだ環境教育の方法も参考となっている。

その結果，緑化推進以外にも次のような効果が出てきた。
① 自発的な市民参加の推進と定着

現在，アメリカでは，大都市部を中心にボランティア等の参加が後退する傾向にある中で，バトルクリークでは，いわゆるチャリティ型から市民参加型への切り替えがスムーズに展開，定着しつつある。これはＢＣグリーンプランの大いなる成果である。

② 人権意識の高まりと深化

自力では緑化が困難な低所得者層の住宅の緑化に協力することで，中産階級を中心に，人権意識の高まり，深化が図られた。

3 プルゼニからの報告

都市緑化と歴史的建造物保護に絞って述べることにする。

1995年に策定した都市計画マスタープランにより，13の公園を設置し，75ヘクタールの緑地を増やした。都市計画マスタープランでも緑地の確保・拡大は最も重視している項目であり，「都市緑化地域」というゾーニングを行い，街路，住宅の樹木に至るまで細かい指示を図っている。これは，前回のインターンシップの折に各市から高い評価をもらったものである。

しかし，いままで，量を増やすことが中心で，適材適所，生態系に合った緑化が行われてきたとはいえず，今日，その反省に立って，質・量ともに豊かな緑化に努めている。

歴史的建造物は基本的には国の法律で保護されているが，市としての独自の保護条例も合わせて施行している。プルゼニ市の中心部は，1988年，国の歴史的建造物保護地域の指定を受けた。これを受けて，市は，1993年，独自の保護条例を施行し，建物だけでなく，文化，習慣等の保護も行うこととした。また，法律施行前に建てられた景観にそぐわない建物の撤去，コントロールも始めている。

具体的には，国と市はハード整備を行い，文化活動やライフスタイルの保存などのソフト，活動面は各種の市民団体が担うという形となっており，多くの市民が文化・習慣の保存にボランティアとして関わっている。

4　承徳からの報告

　持続的発展可能の戦略が，歴史文化都市である承徳の保全と発展にとって必然的な選択となっている。そのため，人口抑制・環境保護計画を承徳市総合計画の基礎におき，経済の量的発展とその速度，自然資源の利用と環境負荷の関係などを注視している。

　具体的にいえば，承徳市は環境保護と都市発展に関する各種の規則を決定し，市各地区の用途・機能にあった整備の方向を明確に決めるとともに，歴史文化都市の景観を保全するため，風景名勝区や史跡文物周辺での景観を阻害する建築や汚染企業の再建を禁止した。

　また，歴史の経験によれば，「鶏を殺して卵を取る」「沢を涸らして魚を取る」というような短期的な搾取は決して行ってはならず，持続的発展には，資源の合理的利用と保護を原則としなければならない。このため，承徳市は，国家の産業政策と歩を合わせながら，自然資源保護施策を強化し，「首都周辺緑化計画」や「灤潮河上流総合整備計画」などと連動して，植樹造林，治山治水に努めている。その結果，解放前には荒れ地になっていた承徳の山野を，国家第一級の森林地帯とすることができている。

　こうした施策と合わせて，環境に関わる広報と教育を強化し，社会全体に歴史文化都市保護の意識を高めることが必要と考えている。歴史文化都市としての保全と国際観光都市としての現代化を進めるには，社会各層の積極的な参加が不可欠である。

　このため，われわれは，広報と教育を環境保護施策推進上のポイントのひとつと考え，定期的に多様な広報・教育活動を行っている。ラジオ，テレビ，新聞等のメディアを活用して，環境保護に関する知識を普及し，市民の都市と環境に関する保護意識を高めている。また，すべての小・中学校で環境科学の知識を学習させている。

　広報と教育を通じて，市民の環境に関する権利と義務を明らかにし，市民の環境，法律，道徳，文明と芸術についての意識を培い，郷土を愛し，進んで各種の環境保護活動に参加する機会を増やしたいと考えている。

4．インターンシップを通して浮上した課題

1　恒常的な情報提供・情報交換

　このように，本プログラムは，参加インターンの協働意識を高め，環境教育やリサイクル手法の相互導入，共同事業実施などの成果を上げつつある。高崎市内部でも，小学校環境教育に市職員や市民団体メンバーが参加するチーム・ティーチングが行われ出した。しかし，本プログラムの定着のためには，一般市民への絶えざる情報提供と各市間での恒常的情報交換をさらに進める必要があると，各市インターンは指摘し始めた。

　情報提供は，インターンシップの成果を各市市民の共有財産とし，各市における環境問題解決のための協働に結びつけていく要となっているからである。また，インターンシップは，恒常的情報交換があってこそ，その成果が発揮できるからである。そのためのメディアとしてはインターネットが最適だが，言葉の壁や行政システム，情報通信環境の違いという問題が横たわっており，その克服もひとつの協働課題といえよう。

2　高崎市（民）に求められる環境協働のあり方

　高崎市および高崎市民自身にとっても，本プログラム開始時点では，姉妹都市間共同事業という意識は強かったものの，環境問題解決の鍵が「市民・企業・行政の協働」「地球規模での地方都市同士の協働」にあるという意識は弱かった。

　「協働」を意識するようになったのは，準備のためにバトルクリークに赴いた際だが，アメリカにおける"Public Private Partnership"の中心的課題が，公共セクターが行ってきた事業のほぼ完全な民間委託にあることを理解するにはなお時間がかかった。それも行政の代理ではない。住民に対して，それぞれが固有の役割・機能を発揮している。まさしく「協働」と表現することがふさわしい内容だった。

同時に，日本の行政システムや税制の場に，アメリカ型の民間企業参入や環境教育施設運営をそのまま導入することの難しさも痛感した。しかし逆に，日本の地方都市らしい協働形態を模索していくことこそ，本プログラムに対する高崎固有の回答ではなかろうか。

そこからわれわれは，インターンシップを契機とした市各部局と市民団体・企業間の連携気運の高まりをもとに，高崎らしい協働のあり方を模索し始めた。

その結果，高崎にとって最重要の協働課題はゴミ問題であることが理解された。実際，高崎市内から排出されるゴミの量は年々増え続けている。1985年には1日200トン以下だったが，95年には300トンと10年間で1.5倍にも膨れ上がった。高崎市等広域圏の焼却場年間処理量も85年の8万トンが95年には14万トンと倍増し，新たな処分場建設を計画せざるを得なくなっている。

一方，市民団体は実にさまざまなゴミ減量・リサイクルを推進している。企業の多くもゴミを出さない工夫を行っている。にもかかわらず，ゴミは増え続ける。

それはなぜか。原因のひとつは，多くの市民団体の努力にもかかわらず，分別収集やリユース・リサイクルの全市挙げてのシステム，「どこでもいつでも出せる資源ゴミ排出システム」が機能していないことにある。市の先導性が発揮されていないこと，わかりやすく実践しやすい行動規準の不在も問題である。こうした課題を解決するために，本プログラムはどのような寄与をなしうるか。幸い，環境教育実践の中にひとつの可能性が見え始めた。

5．南八幡小校区が切り開きつつある地平

1　気づく・考える・行動する

環境教育モデル地区には南八幡校区が選ばれた。南八幡小学校の取り組みは市教委環境教育実践推進研究校に指定されたことに始まる。同校は高崎市の南端に位置し，山と2本の川に挟まれ，平地には田畑が広がる地域であ

る。山は『万葉集』以来「さぬ山」と呼ばれた里山で，日本最古の石碑等の文化財が点在し，高崎自然歩道が設定されている。また，同校区は，小学校区と中学校区が同一で，市立の幼稚園も併設されており，旧村以来の集落コミュニティが完全に維持されている。市内でもこのような校区は珍しい。

こうした環境ではあるが，近年，身近な自然と触れ合う機会が徐々にうすれて，自然の美しさや命の大切さなどに気づかない子どもの増加が懸念されている。そこで，南八幡小では，「環境教育の基盤とも言える豊かな感受性を育てるためにはまず身の回りの事象や問題に気づく心が必要である」と考え，低学年中心の「気づく」から，中学年中心の「考える」，高学年中心の「行動する」へとステップを踏んだ環境教育の実践を図った。

地球環境問題などを概念だけで「教え」，環境保全活動などに「短絡」させなかった，同校のこの方法論は，環境教育方法論として高く評価されるものであろう。

2　動き出した子どもたち

このように進められていた同校の環境教育実践の中に，サントアンドレで合意された環境教育教材「私たちの森」づくりとその活用は，ごく自然に取り込まれた。

南八幡小では，まず教師自身が四季を通して「さぬ山」の自然を実感していなければプランは始まらないと，自然保護団体の方がたを先達にたびたび「さぬ山」に入り，また，地域の方を招いての「さぬ山と人々のくらし」全校講演会を開催した。生徒たちはかつて同年代の子どもたちが背負って山に入った背負子（しょいこ）の大きさに驚き，人の手が入らなくなったために「さぬ山」が荒れ始めていることを実感していった。

そして同校は，先の先達や地域の方がたの参加を得て，「さぬ山」の遠足を学年に応じた自然学習会に変えていった。「遠足」や「さぬ山と人々のくらし」全校講演会が子どもたちに与えた影響には多大なものがあった。これを契機に，高学年の児童と教師は，「ちびっこ下刈り隊」を自発的に編成し

て,「さぬ山」の下刈りを行うまでになったからである。

　1996,97年度の「南八幡小児童環境意識調査」によると,子どもたちは,生活環境の好ましくない変化を敏感に感じ取り始めている。そして,「身の回りの環境をよくするために心がけていることがあるか」という設問に対して,「ある」という答えは,41.5％から49.6％へと8ポイントも上昇し,「身の回りの環境をよくするために家庭でやっていること」という設問では,すべての項目で大きな上昇が見られた。

　さらに,全市陸上競技会の席で,南八幡小児童は,自発的に,他校の分も含めて会場に残されたアルミ缶の回収を行い,臨海学校でもすべての缶やゴミを持ち帰るまでになった。

3　学校をステーションとしたリサイクルシステムの芽生え

　とくに注目すべきは,「家庭でやっていること」の回答変化に見られるように,大人を巻きこんで変化が起こっていることである。授業と並行して進められた環境学習室づくりや学校保健委員会活動,環境広報誌活動,親子廃油石鹸づくりなどがもたらした成果である。

　南八幡小では,環境問題は健康教育の重要な要素ととらえて,環境をテーマとした学校保健委員会を地域に公開した。保護者や地域住民からは,「子どもたちがこんなに学習しているとは知らなかった」「時間がもっとほしい」「家庭で話し合いたい」という意見が相次いで出され,環境をテーマとした「家族会議」が開かれるまでになった。

　こうした活動の広がりは,地域と学校との協働を実現するひとつのよすがと見られる。

　一方,南八幡中学校も優れた実践を積み重ねている。「さぬ山」が予想以上に汚れていることに気づいた生徒会は,1972年から学校周辺と自然歩道の大掃除に取り組んできたが,92年12月から独自の方法で校区内のアルミ缶回収に着手し,その収益で「デイサービス南八幡友の家」に電動車椅子を寄付するなどの活動を進めている。

校区の所どころには生徒会の手で「アルミ缶回収カゴ」が置かれ，住民はアルミ缶をカゴに入れる。それを当番の中学生が学校に運び，点検・圧縮後，市の担当部署へと渡すという方式をとってきた。「住民がいつでもどこでも出せる資源ゴミ分別排出システム」の非常に優れた例である。小学校もまた，学校をステーションとしたペットボトル・牛乳パック・プルタブの回収を始め，この方法もほぼ定着した。

さらに，ダイオキシン発生防止のための学校焼却炉廃止に伴い2つの動きが起こってきた。1つは学校給食用200ミリリットル牛乳パックの完全リサイクルである。即時に全小・中学校で取り組むことが決められ定着した。おそらく全国唯一の実践例であろう。2つ目は，サントアンドレ，バトルクリークから学んだ，給食残飯と枯葉・剪定枝等の堆肥化の検討である。

6．2000年高崎インターンシップへ

1　環境協働会議の成立と活動課題

インターンシップと地域課題は確実に結びつき出した。それは次のように整理できる。

第1の方向は，市民に対する具体的情報提供と恒常的な5市間情報交換の確立である。そのため，インターンと市民団体とで「環境協働会議」を設立した。まったく自発的な集まりでの月例の開催。承徳・高崎両インターンシップと「10万人大清掃」の準備に当たるとともに，本プログラムの情報センター，政策提案機関としての役割を自らに課している（1999年12月末，市民・企業・市職員横断の高崎2000年環境会議専門委員会として公認された）。

第2の方向は，市の先導性の発揮と市民・企業・行政協働のための行動指針・評価基準の導入である。わが国においては地方自治体がなお環境問題解決の中核にあるからである。しかし，それは，行政がすべてを解決するというものではない。市民・企業が，市のやり方を発展させて環境問題をより主

体的に解決していくための先導役の発揮である。

インターンシップの成果から，その具体的な課題として，①ISO 14001を視野に入れたエコ市役所推進プランの展開，②給食残飯の堆肥化，公共施設などから出る剪定枝や枯れ葉等のリサイクル，③環境を重視したまちづくりの推進などが挙げられ，環境協働会議は，姉妹都市の例に倣って，「剪定枝などのチップ化（マルチング化）と堆肥化を進めるとともに，市民が各種の資源ゴミを自発的に供出できる場としての2000年たかさきエコパーク構想」の，技術的経済的な検討を開始している。

第3の方向は，環境教育の全市的展開と学校区を単位とした循環型地域協働の促進である。南八幡校区が打ちたてた，①環境教育方法論，②学校を資源ゴミ回収のステーションとする多様なリサイクルシステム，③公開学校保健委員会や家族会議を契機とした学校と地域・家庭との連携などは，他の校区に普及することが可能であり，それぞれの校区において，地域の個性を踏まえた独自の展開が図られれば，一層豊かな成果となるであろう。

2　2000年高崎の計画──意義とねらい

2000年10月開催の高崎会議は，①高崎市固有課題へのアドバイス，②1996年からのインターンシップのまとめ，③2001年からのテーマの決定を具体的な目標に設定し，インターンシップ，子ども会議，学識者会議（たかさき2000年シンポジウム），第3回高崎サミットの4つの柱で構成されるが，基礎となる考え方は以下の通りである。

①　市民・企業・行政パートナーシップの確立

多様な環境問題解決のポイントは，市民参加を基本とした，地球規模での市民・企業・行政のパートナーシップの確立・推進にある。

②　地球規模での地方都市間ネットワークの形成

環境保全に基礎をおいた都市づくり，市民福祉の増進を図るため，5市間の意見交換をさらに進めるとともに，インターネットを活用したり周辺の市町村に呼びかけたりして，地球規模での地方都市間ネットワークに成長させ

たい。

　③　市民・企業・市職員活動の視察と参加

　5年間に及ぶ流れの中で，市民・企業・行政の協働，市民活動や環境教育が実に重要であることが共通の認識となってきており，施設見学は最小限にとどめ，市民や児童・生徒の活動に参加していただく。

　この基本的考えから，各市は，2週間におよぶ2000年高崎会議を7つのワークショップとして会議を進めることを決定した。①市民・企業活動，②ゴミ対策（ゴミ減量・リサイクル），③水対策（水質保全・上下水道管理），④大気汚染防止と交通計画，⑤緑化・自然環境保全，⑥景観・歴史的建造物保全，⑦環境教育・子ども会議である。そして，全体を支える8番目のワークショップとして，情報・広報分科会を設定し，全体をまとめる事務局を設置することとした。

　子ども会議も同じ認識に基づく。招致できる人数には限りがあるからインターネットを活用した会議にしようというものである。それを契機に市民間，児童・生徒間の日常的情報交流を促したいと考えている。学識者会議には各市ゆかりの大学教授等を招致し「環境」「まちづくり」などをテーマとしたシンポジウムを開催する。その内容はインターネットで世界に発信する予定である。そして，総まとめと新たな提案が第3回高崎サミットに期待されている。

3　世界に開かれた地球市民のまちづくり

"Glocal City-ship Millennium"

　課題がこれほどまでに明確化し，かつ，それぞれの分野に各市から市民・企業・市職員等が参加できるまでに成熟したことは大変な成果といえる。

　いま，高崎をはじめ各市で，課題の深化と参加メンバーの人選が進められている。そして，周辺の市町村を巻き込む動きが見え始めている。地球規模での地方都市間ネットワーク，世界に開かれた地球市民のまちづくりが進み始めた実感がある。

来たるべき21世紀は，地域と地球，環境と人権の世紀といわれる。地球環境への負荷を可能な限り減らし，悪化した地球環境を修復できるような生産・消費・廃棄のシステムを地域から築き続けていくことが求められている。

　こうした暮らしのスタイルを表す言葉として「グローカル・ライフ（glocal life）」という言葉を提起することができるだろう。「グローカル（glocal）」とは，地球的を意味するグローバル（global）と地域的を意味するローカル（local）を併せた造語である。

　われわれは今，「グローカル・ライフ」を模索しているという自負をもちつつ，それを共有し合う地球規模での地方都市間ネットワークを提案していきたい。名づけて，"Glocal City-ship Millennium"。すでに時代は，"Think Globally Act Locally（地球規模で考え，地域規模で行動する）"の時代ではなく，"Think and Act Glocally（グローカルに考え行動する）"の時代に変わりつつあるのだから。

4

ドイツにおけるNPOの一形態
――連邦の2つのモデルプログラムを中心に

1. はじめに

　今日，わが国においても，「特定非営利活動促進法」，いわゆるNPO法の施行に端的に表されるように，非営利（NPO）セクターが注目を浴びている。そして，同セクターの重要性については，さまざまな立場からの主張がなされており，これらの議論を，野尻武敏は，多元民主主義論，新コミュニティ論，新自助組織論の3つに分類している[1]。多元民主主義論においてはNPOセクターの利益団体としての側面が，新コミュニティ論では市場社会や官僚機構に対する批判的態度と，自由で，そしてしばしばインフォーマルな連帯形成を通じた人間性回復の側面がクローズアップされる。新自助組織論においては，この双方の性質をともに兼ね備えた組織が重視される。野尻は，この組織を，ゲゼルシャフト的かつゲマインシャフト的な性格のものとして特徴づける。なぜならば，かかる組織体に加入する人びとは，そこにおいて何らかの利益の実現を見ると同時に，その内部で互いに助け合うひとつのコミュニティを形成するからである。本章の目的は，ドイツの自助集団の現状を明らかにすることにあるが，そこで対象とされるのは，まさにこの新自助組織論とかかわってくる。だが，ゲゼルシャフト的な性格とゲマインシャフト的な性格を併せ持つとはいっても，本章で示すように，この2つの性格の相対的強度は，集団タイプごとにさまざまである。あるタイプでは，政府等に自らの要求を実現させようとする利益団体としての色彩が強く（本

章3-2(1)，タイプ3)，あるタイプでは，諸問題に悩む当事者の人間性回復が重要視される（同，タイプ1)。また，新自助組織論にかかわって協同組合が紹介されていることからもわかるように，ここにいうゲマインシャフトには，外部に対する開放性が含意されており[2]，その意味では，非成員といえども，完全に排除されているわけではない。これは，ドイツの自助集団すべてに共通の要素なのであるが，集団タイプとして，とくにこの側面が前面に出てくるものも存在する（同，タイプ2と4)。

本章が論を進めるうえで野尻と異なるのは以下の点である。野尻は，体制原理論の立場から，この自助組織の中に，個と全体という原理の中間に全体社会のインテグラルな構成要素となる新しい原理を見ている。このような原理に支えられている領域にNPOセクターが数えられるとすれば，野尻の論述はそのセクターすべてにかかわるものである。それに対して本章は，そこから示唆を受けつつも，ドイツNPOセクターのひとつの領域，すなわち自助集団の領域のみを掘り下げることに主眼をおく。

2．NPOセクターにおける自助集団の位置

自助集団がひとつの領域として含まれるドイツのNPOセクターを，経済体制，広くは社会体制における重要な構成要素と捉えるからには，まずもってそのセクター全体に関する概観を与えておく必要があろう。これについては的場信樹の論文がきわめて示唆に富むものであるので，以下それに依拠して見ていくことにする[3]。

まず的場は，用語の問題として，ドイツにおいては，1990年代半ばに至ってもなお，NPOセクターという言葉が十分に定着していないと指摘している。従来から，ドイツでは市場経済との対置において共同経済（Gemeinwirtschaft）という言葉が用いられてきた。だが，この言葉のさす内容は時代とともに変化しており，例えば，あるときには経済活動に対する規制から公企業の運営に至るまでの国家による経済関連の活動のすべてを意味し，ま

たあるときには公企業や協同組合といった組織体によって構成される社会経済領域を意味していた[4]。的場によれば，70年代以降，この共同経済という言葉は社会民主党系の労働組合が所有する一連の企業集団をさす言葉として限定的な意味で使われるようになっており，それゆえ，今日いう意味での，そしてドイツにも——用語の定着は別にしても——事実として存在する「第3のセクター」つまりNPOセクターを指示するには適さない。そこで的場は，このセクターを一括して「協同経済」と呼び[5]，その構成要素として——福祉や教育の分野での政府の大きな役割についての留保をつけて——次の7つを挙げている。①教会，②民間福祉団体，③企業の社会貢献活動，④社団と非営利法人税制，⑤個人中心のチャリティと財団，⑥協同組合と共済組合，⑦社会的自助グループである。

　本章は，先に述べたように，この中から，⑦社会的自助グループ（以下，自助集団）にのみ焦点を当てる。むろん，これらの要素は，個々に独立してあるのではなく，相互関係の中にある。自助集団の観点から見れば，例えば，これらの集団のうち少なくない部分が民間福祉団体との協力関係のもとにある。ドイツの民間福祉団体には6つの大きな団体があり，自助集団は，その中でも開放性と同権性を旗印とするドイツ・パリテティッシェ福祉団ととくに強い結びつきにあるが，それ以外に宗派系の団体であるドイツ・カリタス連合（カトリック系），ディアコーニ奉仕団（プロテスタント系）との協力関係にある集団も存在する[6]。そして，これらの宗派系の団体は，上に挙げた教会というものと当然かかわってくることになる。また自助集団は，共済組合のひとつである疾病金庫とも密接に関連している。というのも，これらの集団にとっては，慢性疾患などの健康領域での活動が最も頻度の高いものになっているからである（本章3-2(2)を参照）。事実，医療保険財政の強化という目標をもって1993年1月から施行された医療保障構造法（Gesundheitsstrukturgesetz）においては，医療費の抑制と同時に健康増進，市民参加，質の確保といったこともめざされており，それは，医療保険に関する規定が集められている社会法典第5編の20条の中に3a項が導入されるという

形で初めて具体化された。その条文を示せば,「疾病金庫は,健康増進もしくはリハビリテーションといった目標をもつ自助集団,自助支援センターを補助金によって促進できる」[7]である(なお1996年11月に,この支援の可能性を残したまま社会法典第5編20条3項として改正されている)。

このように的場によって示されたNPOセクターの各構成要素は,自助集団の観点から見ただけでも,相互に関連し合っていることがわかる。そのほかにも,自助集団と個人寄付あるいは社団といった法人形態との関係なども重要である。そしてNPOセクターが全体として社会体制にとっての重要な要素であるということを鑑みれば,自助集団との関連だけで捉えるのではなく,同セクターのそれ以外の構成要素間の関係も視野におさめなければならない。また,市場や政府との関係についての考察も不可欠となろう。むろん,これらの観点からの検討は非常に多岐にわたり,かつきわめて困難な課題である。したがって本章では,以上のようなフレームワークを念頭におきつつも,まずは自助集団の現状を,主にそれだけを取り上げた形で明らかにする。というのも,一言に自助集団とはいっても,それにはさまざまなヴァリエーションがあり,そしてその実態は,わが国において必ずしも十分には知られていないと思うからである。

3. ドイツにおける自助集団の現状

1 自助促進のための連邦のモデルプログラム

(1) 連邦の2つのモデルプログラム

ドイツでは1970年代後半から80年代にかけて多くの自助集団の活動が活発化してくる。こういった動きの背景を,1980年から83年の研究プロジェクトにおいて,ドイツのとくに健康問題にかかわる自助集団を同国で最初に実証分析したトロヤン(A. Trojan)他は,まずもって,長い間かけて歴史的に生成してきた医療の普及と制度化に伴い,医療サービスが医者をはじめとした医療関係者に独占されてしまったという事態に求めている[8]。このような

状況下では、人びとは専門職による医療システムに依存せざるをえないわけであるから、自らの疾病によって身体上、生活上の負担を感じている者は、それを克服するための援護を医療システムに期待する。だが、例えば大手術後の生活問題、慢性疾患・精神障害などに悩んでいる人びとに対して、既存の医療システムは十分な援護をなしえないし、また医療をも含めたドイツ社会国家（福祉国家）全体のシステムにおいてもそうだとすれば、当事者たちの同システムに対する信頼は動揺することになる。このとき、家族や友人などの一次システムが十分に機能しておれば、その専門職によるシステムの欠陥はかなり埋め合わされることになろう。しかし、周知のように、こういった一次システムの機能は、近年かなり低下してきている[9]。そして自助集団の存在が最初にクローズアップされるのは、まさに、このような事態の克服に向けてのことなのである。

ただしトロヤン他によれば、自助集団という現象を把握するには、この負担の克服という側面に注目するだけでは不十分である。というのも、健康問題に限定せずに、何らかの形でそういった悩みを抱えていると思われる人びとの数に比して、自助集団に実際に参加している人の数は圧倒的に少ないからである[10]。したがって、彼らは負担の克服という観点に、「自己の（残された）能力を高める」といった観点を加え、これらに関する質問項目を設定し、自助集団に参加している人びとに対してアンケートを実施している[11]。

そして、この研究プロジェクトの結果として、世界保健機関（WHO）ヨーロッパ支局の支援を受けて、自助集団の活動を促進するための自助支援センター（Selbsthilfekontaktstelle）が、1981年にハンブルクで最初に設置されることになった。それ以降、類似の研究が相次ぐことになるが、これらの研究にかかわらせて、社会科学分析・コンサルティング研究所（ISAB）が、自助支援センターによる自助促進というコンセプトで、連邦の支援の下に、その対象領域を拡張することになる。この自助支援センターという組織は、例えば市民や専門職に対して自助に関する情報を提供したり、市民を自助集団や専門職に仲介したり、あるいは自助集団の組織上の問題に対して助

言を与えることをその課題としている。そして，このような組織の設置によって実際に自助を促進していこうとする試みが，以下に述べる連邦のモデルプログラムなのである[12]。

このモデルプログラムには，2つのものがある。第1のものは，当時の連邦家族・高齢者省[13]の支援によって，1987～91年の期間で，旧州（旧西ドイツ）を対象に実施された。プログラムの名称は「自助集団のための情報・支援センター」であり，モデル地点は，都市と地方における自助のあり方を比較するという観点から，都市部ではハイデルベルク（バーデン・ヴュルテムベルク州），ヴュルツブルク（バイエルン州）など14カ所，地方部ではプレェン（シュレスヴィヒ・ホルシュタイン州），ゲルンハオゼン（ヘッセン州）など6カ所，計20カ所が指定され，それぞれに自助支援センターが設置されることになった。

第2のものは，同じ連邦省の支援によって，1991～96年に，新州（旧東ドイツ）を対象として，「新州における社会的自助の促進」という名称の下に実施されている。このプログラムでは社会主義社会から市場経済指向的な社会システムへの移行期における自助展開のあり方が重視されることになるが，そこにおいても都市と地方の対比という観点は保持され続けており，モデル地点として都市部からはポツダム（ブランデンブルク州），ケムニッツ（ザクセン州）など12カ所，地方部からはバード・フライエンヴァルデ（ブランデンブルク州），ガルデレーゲン（ザクセン・アンハルト州）など5カ所，計17カ所が指定されている[14]。このようにして各地に設置された自助支援センターには，当然のことながら，その活動を通して地域の自助に関する情報が蓄積されることになる。

(2) 自助集団に対する視点──NPOの一形態としての自助集団

ドイツ語圏の関連文献において頻繁に引用される自助集団の定義はトロヤン他によって提示されたものであり，それは以下のような5つのメルクマールで特徴づけられている[15]。

① 成員が同じような問題に悩んでいること

② 専門職援助者の協力がないか,あってもわずかだということ
③ 営利を指向しないこと
④ 自己そして／または社会の変革が共通の目標であること
⑤ 活動方式として同権的な共同作業と相互援助が強調されること

だが,連邦のモデルプログラムにおいては,この定義がそのまま適用されて,自助集団の把握がなされたわけではない。そのプログラムを報告書としてまとめたISAB所長ブラウン（J. Braun）他によれば,多くの自助集団は,これらのメルクマールを部分的にしか満たしておらず,とりわけ分析対象とされた自助集団の約半分においては専門職との協力が存在し,また大多数においてはフォーマル,インフォーマルな管理機構が存在している。したがって,これらのメルクマールを厳格に適用すると,同プログラムの目標,すなわち自助を促進し,それによって専門職のサービス提供システムに対するインフォーマルな援助システムを強化し,同時に個々人の（残された）能力を向上させるという目標は,きわめて限られた範囲を対象としたものになる[16]。ここで誤解を避けるために,自助によるインフォーマルな援助システムの強化とはいっても,それが専門職システムの代替物としてではなく,補完物（その改善に寄与するという点も含む）として捉えられているということは,指摘しておかなければならない。「自助促進は,自助と専門職サービスの調和のとれた発展をめざす。自助と自発的参加が,専門職の援護システムに対する補完物であり,さらには建設的な挑戦であることを,ますます多くの人が認めるようになっている」[17]。そこで,ブラウン他は,自助集団を,

「その成員が自発的に,自ら決定して,自己のイニシアティブに基づいて参加するということを共通のメルクマールとする共同体的な組織」

と捉え,それをモデルプログラムの基準にしている。つまり,ここにいう自助集団には,自らの生活領域において見出される各種の欠陥に対して積極的に反応し,特殊な生活状況,生活上のリスクを連帯して共同で解決しようとする人びととの自己組織的な活動のすべてが含まれることになるのである[18]。

自助集団をこのように捉えるならば、それとの関連で自助 (Selbsthilfe) という言葉も、われわれがそこから受ける印象とは異なって、かなり広い範囲を指すことになる[19]。ブラウン他によれば、自助とは、「相互性 (Gegenseitigkeit)」と「顔のみえる連帯性 (überschaubare Solidarität)」という原則に基づく市民参加の一形態である[20]。この「相互性」という原則は、例えば自ら慢性疾患や依存症に悩む人びとが集まって相互に助け合うという意味——トロヤン他の定義において前面に出ていた意味——を含むが、しかしそれだけに限られるわけではない。いま障害者のスポーツクラブを健常者が指導しているという状況を想定してみよう。こういった状況においては、障害者に対する健常者からの一方的な援助があるだけで、そこに相互性という原則は成立しないように思える。だがこのスポーツクラブがゲームに勝利したとすると、それによってこの指導者も喜びを得ることになるのであり、ここに相互性の契機が生じてくる[21]。したがって、ここでいう自助は、それへの参加動機として「自らのため」というだけではなく、「他者のため」の援助という要素をも含んでいることになる。「顔のみえる連帯性」という原則は、自助がしかるべき場所を「市町村および居住区 (Gemeinden und Wohnquartieren)」の中で占めているということ、さらにはそこでの援助が対価への期待なしに行われるということを意味する[22]。

このように把握されたドイツの自助集団は、サラモン (L. M. Salamon) 他のNPOセクター定義に含まれる5つのメルクマール[23]をも満たす。「自発性」「非営利性」「政府とは別組織」というのはいうまでもなく、その大多数がフォーマル・インフォーマルな管理機構をもつことから「自己統治組織」であることがわかる。また「正式に組織されている」というメルクマールを満たすのは、プログラムにおいて自助集団の組織としての継続期間が示されており、そこにおいて最も短くて1～2年という期間が単位となっている[24]ことから明らかである。

2 自助集団の現状

(1) 自助集団の種類

　自助とは，当事者たちの置かれている状況を，当事者自身が自らのために，あるいはそうでない人びとが当事者たちの苦悩を見て，市町村や居住区を基盤として相互協力の中で克服しようと試み，さらにはそこでの活動を通じて自らの能力をも発展させようとする運動である。こういった動きが，自発性に基づいてひとつの組織を形成するとき，そこに自助集団が成立する。だが，これはあくまでも自助集団の包括的な定義であって，モデルプログラムの中では，集団成員の動機，集団の目標や提供サービスなどに基づいて，以下のタイプが下位区分されている[25]。

　① タイプ1：当事者たちの自助グループ

　このタイプにおいては，集団成員の望みをかなえる活動が重視され，その意味で内部指向的である。新州で実際に存在する集団名の事例としては，Selbsthilfegruppen psychisch Belasteter（精神的負担を感じている人びとの自助集団），Gesprächkreis homosexueller Männer（同性愛者の会話サークル）などがある。

　② タイプ2：外部指向的な自助グループ

　このタイプにおいては，集団成員の悩みを克服するということに加えて，成員でない他の当事者たちに対しても助言を与えたり，彼（女）らの利益を守るといった活動が，参加への重要な動機となる。その意味で「外部指向的」という形容詞がつけられているのだが，このとき活動の力点は成員・非成員を問わず，当事者において個々に生じる諸問題の克服に置かれる。したがって，当事者の生活状況を改善するために，政府等に働きかけ，環境そのものを変えていくといった側面は前面に出てこない。新州で実際に存在する集団名の事例は，Selbsthilfegruppen Kehlkopfloser（喉頭摘出者の自助グループ），Interessengemeinschaft der Dialysepatienten（透析患者の利益共同体）などである。

　③ タイプ3：自助イニシアティブ

このタイプにおいては,当事者の生活様式の改善,生活環境の変革といった目標が前面に出る。したがって,ここではタイプ2と対照的に,政府等に働きかけて当事者の生活環境そのものを変えていこうとする活動に力点が置かれる。新州で具体的に存在する集団名の事例としては,Arbeitsgruppe In-und Ausländerinnen (国民と外国人の活動グループ),Selbsthilfeinitiative "Akademie 2. Lebenshalfte" (自助イニシアティブ「第2の人生アカデミー」) などがある。

④ タイプ4：自助プロジェクト

このタイプは,旧州のモデルプログラムではひとつのタイプとして位置づけられていたが,新州のプログラムでは分析対象からはずされている。その理由は,新州においてはこのタイプが見当たらなかったからであるが[26],旧州には現に存在しているので[27],その概要を事例的に述べておく。いま,例えばエイズのような新しい疾病が発生したとする。こういった疾病に対して,人びとは当初どのように対処すればよいのか,わからない。したがって,新たなサービスが模索されることになるが,これらがいったん確立されると,それに伴いこの種のサービスに携わっていた組織は,専門能力と対価原則に基づく専門サービス提供機関に移行する。自助プロジェクトは,この専門サービス提供機関になるまでの過渡的な現象として現れるのである。だが,このタイプは前述のように新州には見当たらず,さらに以下では,新州と旧州を比較するという観点に立つことから,除外することにする。

ブラウン他は,ドイツ全体の自助に関する実証データの作成を企て,図表

表 4-1 自助集団の総数,タイプ別割合

	旧 州	新 州
自助集団総数 (1995年)	60,000 (参考1985年：25,000)	7,500 (参考1992年：5,000)
タイプ別割合 (旧州：1990年 新州：1995年)	タイプ1　50% タイプ2　28% タイプ3　22%	タイプ1　55% タイプ2　33% タイプ3　12%

(出所)　Braun, J./Kettler, U./Becker, I. (1997) S. 63., S. 76. より作成。

にして——あくまでも目安である——旧州,新州それぞれで74,92にも上る詳細な結果を得ている。その中から,自助集団(ここでは,2つの自助グループタイプと自助イニシアティブを包括して自助集団と呼ぶ)に関するものを,その総数,集団タイプの割合に限って示せば表4-1のようになる。

また自助集団成員総数は,1985年(旧西ドイツ)で110万人だったのが,1995年(ドイツ全体)には265万人にまで増加しており,これは総人口の約3.2％に相当する[28]。このとき,これらの数値を正確に把握しようとすれば,それが困難をきわめることは容易に想像できよう。なぜならば,自助集団には法人化されているフォーマルなものとならんで,そうではないインフォーマルなものも多く存在するからである。前者の代表は登録社団,ドイツ語で eingetragener Verein (e. V.) という非営利の社団であり,それは区裁判所の社団登記簿に登録することで法人格を取得するから[29],その捕捉はかなり容易である。だが後者の場合は,そうではない。したがって,その両者を含めて,このモデルプログラムでどのように自助集団総数が推計されたかを,ここで示しておく必要があろう。同プログラムにおいては,旧州で20カ所,新州で17カ所に自助支援センターが設置されたというのは,先に述べた。かかる地点では,支援センターの自助集団に関する統計調査を通じて,その集団の数をかなり正確に捕捉できる。また支援センターごとにサービスエリアも確定されていることから,当該地域の総人口も把握できる。そして,これらの2つの数値から住民当たりの自助集団数を計算し,それを単純に旧州,新州の総人口に比例的に当てはめて,先の自助集団総数6万,7500という数値が計算されているのである。これに対しては,当然,過剰に見積もりすぎることになりはしないかという批判が生じうるが,ブラウン他は,モデル地点においてもすべての自助集団が捕捉されているわけではないという理由から自らの方法を弁護している[30]。筆者も,こういった手続きは,自助集団が法人化されたフォーマルなものに限らないことを鑑みれば,次善の策として正当化できると考える。

表4-2　各領域ごとの自助集団の比率

旧州			新州		
1	慢性疾患	28%	1	慢性疾患	32%
2	障害	12%	2	障害	13%
3	親子の自助	11%	3	依存症	12%
3	高齢者，隣人関係	11%	4	親子の自助	11%
5	社会心理的問題	10%	5	社会心理的問題	10%
6	その他	28%	6	その他	22%

注)　「その他」に含まれるのは，旧州の場合「依存症」「女性の自助」，失業など「特殊な社会状況での自助」「文化・エコロジー」であり，それゆえ9の領域で分類が行われている。この分類は，新州でも同じである。
(出所)　Braun, J./Opielka, M. (1992) S. 50., Braun, J./Kettler, U./Becker, I. (1997) S. 96. より作成。

(2) 自助集団の機能

　そこで，これらの自助集団が主にどういった領域で活動しているのかを，旧州，新州の都市部に関するデータで見てみよう。このときサンプルとなっているのは，モデル地点で自助支援センターとの接触があった自助集団であり，旧州においては1988年〜91年の期間で総数2584集団，新州おいては1993年〜95年の期間で総数1971集団が対象になっている。その結果は表4-2の通りである。

　表からわかるように，旧州，新州ともに，「慢性疾患」と「障害」が上位にきている。これらの領域での自助集団が多いということは，当該領域が従来のドイツ社会国家における専門職システムでは十分にカバーされなかったことを示唆するものである。また「親子の自助」とは，例えば市営の託児所や幼稚園ではなく，グループ内で当事者同士が幼児の世話をし合うといった活動のことである。

　ここでそれぞれの領域で，どういった活動が行われており，そのことを通して自助集団がどのような機能を果たしているのかを，「慢性疾患」と「高齢者」の自助に関して見てみることにする。

①　Gesprächsgruppen von Hertzinfarktpatienten（心筋梗塞患者の会話グループ）

これは、毎週火曜日に定期的に集まる6人の心筋梗塞患者からなる小規模な集団である。非成員の患者もたまには参加するが、それはしばしば1回限りに終わる。それゆえ成員たちの会話グループという色彩がかなり強く、また名称もそうなっている。むろん、その当事者たちの生活上の具体的な問題は会話によって取り除くことはできないが、お互いの状況を話し合うことによって、どのようなときにどう対処すればよいのかを知ることができ、それとともに自らの疾病に関する不安は軽減されることになる[31]。

② Interessengemeinschaft der Bewohner von Altenwohnheimen, Altenheimen und gleichartigen Einrichtungen e. V.（登録社団：老人用ケア付き集合住宅・老人ホーム・類似施設入所者の利益共同体）

これは、高齢者の考えを政策に反映させることを目的とした、この分野で唯一の連邦レベルの自助組織である。したがって成員数も多く（1985年の文献で、その数は2200名）、老人ホーム等の入所者とその相続人が主要な構成員である。この組織は、登録社団であるのみならず、公益性も認定されている[32]。設立は1975年5月6日で、その目的はホーム法（Heimgesetz）の実質化であった。ホーム法は、外部から内実の見えにくい空間で日々の生活をおくる老人ホーム等の入所者を施設内での権利侵害から守るために、1974年に制定された連邦法である（1975年1月1日施行、1990年に一部改正）。この組織は、入所者の利益を代表するホーム協議会と情報を共有したり、それに助言を与えたりすることによって、先の目的の実現に向けて活動している[33]。

そのほか事例を挙げればきりがないが、ブラウン他は、こういった集団活動によって促進される自助の機能として以下の5つを挙げている[34]。

① 「自助は、慢性疾患者や障害者が孤立することを防ぐ」。例えば、失語症になると人びとは職場も友人も失うことになる。こういった人びとは、自助集団の中で再び支援を得ることになる。
② 「自助は、当事者の個人的能力を活発にし、そうすることで行政、疾病金庫、医者、福祉団体といった専門サービスシステムの働きを補うこ

とになる」。この関連では，とくに予防，アフターケア，リハビリテーションの領域が重要になる。

③ 「自助は，革新的な刺激を与え，それによって主として専門職に基づく健康サービス，社会サービス制度の継続的な発展および改善に貢献する」。ここでは，ロビー活動，広報活動を通した社会国家の修正要素としての自助集団活動の側面がクローズアップされる。

④ 「自助は，健康・社会サービス提供システムの対象者指向を可能にする」。これは，自助集団が既存のサービス提供システムに批判的に対峙することによって，個々の当事者の必要により適ったサービスの提供が可能になるということを意味する。

⑤ 「自助は，当事者の参加にとっての基礎であり，サービス提供システムの民主化，人間化を可能にする」。自助集団の中で成員たちは孤立から脱け出すと同時に，外部に対して自らの要求を行う心理的，社会的な基盤を得る。そして，実際に要求を行うことによって自らの生活条件が改善されることになるが，こういった体験は，政治的無関心の克服，下からの民主化に寄与する。さらに，このことは，えてして公平性や同等な生活関係といった基準のみに偏りがちであった従来の社会国家の再編論議とも相俟って，そのシステムの中に効率性・効果性という基準を組み込むことにもつながる。というのも，再編論議においては，与えられた目的を最小費用で実現するということが重視されるに至っており，そしてその目的設定において実際のサービス消費者たちの要求を反映させるということ，ここに自助集団の重要な機能があるからである。

4．おわりに

本章は，連邦のモデルプログラムに基づき，ドイツの自助集団に焦点を絞ってきたわけだが，しかしこのプログラムはかかる集団の現状把握だけを目的としているわけではない。そのほかにも，自助支援センターを中心とし

て，自助という問題との関連において，自助に関心ある人びと (Selbsthilfe-interessenten)，専門医，相談所，自治体政治家，自治体行政などの専門職 (Professionellen) のデータも集められている。自助に関心ある人びとのすべてが自助集団に参加しているわけではなく，とくに自らの諸問題を解決する自助集団の有無，自助集団のサービス内容と限界などに関する情報の不足からその参加が妨げられている[35]。したがって，自助集団への加入やその設立は自発性に基づくとはいえ，こういった決断のためには各種の情報が必要になるのである。それを提供するのが自助支援センターなのであるが，本章ではこの組織の自助集団データ収集機能という側面だけを捉え，その自助促進政策的な働きには触れなかった。また自助集団は，生存権の保障と同等な生活関係の確立といった政治的義務をもつ社会国家の提供サービスに作用を及ぼすことはできても，それを代替するものではない[36]。このことは，社会国家の中の本質的な部分でサービスを提供している専門職との関連を視野におくことを要求する。そのほかに，自助集団の財政状況，その支援における費用・効果の分析といった問題についても検討が必要であろう。かかる論点については，これからの研究の中で順次，取り組むつもりである。

注
1) 以下の論述については野尻武敏 (1996) p. 10以下参照。
2) 国際協同組合同盟 (ICA) による協同組合の7つの原則の1つが「自発的でオープンな組合員制度」である。富沢 (1997) p. 17参照。
3) 以下の論述については，的場 (1997) p. 149以下参照。
4) 共同経済という言葉を，前者のような意味で使用していた論者はリッチュル (Vgl. Ritschl, H., 1931, S. 75ff.) であり，後者のような意味で使用していたのはヴァイサー (Vgl. Weisser, G., 1960, S. 764ff.) である。いずれも，政治的にはドイツ社会民主党と結ぶ自由社会主義 (freiheitlicher Sozialismus) の陣営に属する。
5) これは，的場らの研究プロジェクトの合意でもある。富沢 (1997) p. 18参照。
6) のちにその概要を示す連邦の旧州のモデルプログラムにおいて，調査対象である720の自助集団の45%が民間福祉団体との接触をもち，その内訳は69%がパリテティッシェ福祉団，11%がカリタス連合，6%がディアコーニ奉仕

団である。Vgl. Braun, J./Opielka, M. (1992) S. 95ff.
7) Vgl. Braun, J./Kettler, U./Becker, I. (1997) S. 298f. なお医療保障構造法で実施された医療費抑制の具体的内容については，松本（1998）81ページ以下参照。さらに自助支援センターについての概観は，本章3‐1(1)参照。
8) Vgl. Trojan, A./Deneke, C./Behrendt, J-U./Itzwerth, R. (1986) S. 48.
9) これを示唆するものとして，トロヤン他の例から引けば，1950年の西ドイツにおいて19％であった単独世帯の比率が，調査時点では30％に達している（Vgl. Trojan, A./Deneke, C./Behrendt, J-U./Itzwerth, R., 1986, S. 63.）。
10) すべての疾患者，アウトサイダー，少数民族などを考慮した「社会政策の活動領域」の分類では，西ドイツ6200万人の人口のうち5100万人が何らかの周辺グループに位置づけられており，したがってそれぞれに負担を感じていると思われるにもかかわらず，自助集団に参加しているのは問題別グループの最大1～5％にすぎない（Vgl. Trojan, A./Deneke, C./Behrendt, J-U./Itzwerth, R., 1986, S. 47.）。
11) ここで挙げた要因のすべてが加入動機として裏づけられたわけではないが，例えば「自己の能力を高めたい」という加入動機は，「他の当事者から学びたい」という回答に対する頻度の高さ（232名の集団成員の93％）によって，その有効性を窺い知ることができる（Vgl. Trojan, A./Deneke, C./Behrendt, J-U./Itzwerth, R., 1986, S. 57.）。
12) Vgl. Braun, J./Kettler, U./Becker, I. (1997) S. 29f., 143ff.
13) ここで「当時の」と限定をつけるのは，1994年の第5次コール内閣成立時に，「連邦家族・高齢者・女性・青少年省」という形で統合され現在に至っているからである。
14) Vgl. Braun, J./Kettler, U./Becker, I. (1997) S. 26ff. Braun, J./Opielka, M. (1992) S. 236.
15) Trojan, A./ Deneke, C./Behrendt, J-U./Itzwerth, R. (1986) S. 32.
16) Vgl. Braun, J./Opielka, M. (1992) S. 41.
17) Braun, J./Opielka, M. (1992) S. ⅩⅤ.
18) Vgl. Braun, J./Opielka, M. (1992) S. 43.
19) ただし，もともと自助という言葉は，われわれの使用方法からして曖昧である。例えば個人が将来に備えて自ら貯蓄に励む場合にも自助という言葉は使われるし，介護の必要な親を家族で世話する場合にも自助という言葉は使われる。「自らで自らを助ける」という場合の「自ら」が個人であったり，家族であったり，企業であったりするのであり，それは単位の取り方次第である。したがって，その言葉のさす範囲の確定が重要なポイントになる。
20) Vgl. Braun, J./Kettler, U./Becker, I. (1997) S. 6.

21) ブラウン社会科学分析・コンサルティング研究所所長に対する1998年2月18日のインタビュー。
22) Vgl. Braun, J./Kettler, U./Becker, I. (1997) S. 12.
23) L・M・サラモン／K・H・アンハイアー（今田忠監訳）(1996) p. xviii 参照。
24) Vgl. Braun, J./Opielka, M. (1992) S. 70.
25) Vgl. Braun, J./Kettler, U./Becker, I. (1997) S. 16ff.
26) Vgl. Braun, J./Kasmann, E./Kettler, U. (1994) S. 17ff. より正確にいえば，それに類するものがなかったわけではない。例えば，雇用創出のためのイニシアティブというのが事実存在した。だが，この活動を支えていたのは，ドイツ統一後の失業防止という観点で実施された雇用創出措置（ABM）に関連する機関であったのであり，したがって非対価的に活動する援助者はいかなる役割も占めなかった。
27) 旧州に存在する集団名の事例としては，Aidshilfe（エイズ援助），Frauenforum（女性フォーラム）などがある。Vgl. Braun, J./Opielka, M. (1992) S. 47.
28) Vgl. Braun, J./Kettler, U./Becker, I. (1997) S. 74.
29) 詳細は，山田 晟 (1993) p. 182，山田誠一 (1996) p. 110以下参照。
30) Vgl. Braun, J./Kettler, U./Becker, I. (1997) S. 77f.
31) Trojan, A./Deneke, C./Behrendt, J-U./Itzwerth,R. (1986) S. 27f.
32) ドイツでは，団体に対する法人格（ここでは登録社団）の付与と，税制上の優遇のための公益性の認定とはまったく別の審査手続きである（山田誠一，1996. p. 113）。
33) Vgl. Taube, S. (1993) S. 41f. なおホーム法についての詳細は，本沢巳代子 (1995) を参照。
34) Vgl. Braun, J./Kettler, U./Becker, I. (1997) S. 25. カギ括弧内はブラウン他の記述であるが，それに付随する解説は，ズールで1995年に「自助2000」という表題で行われた大会の報告書の中から，以下の4つの報告を筆者なりにまとめたものである。von Ferber, C. (1996), Motsch, P. (1996), Olk, T. (1996), Trojan, A. (1996).
35) Vgl. Braun, J./Opielka, M. (1992) S. 170ff.
36) Vgl. Olk, T. (1996) S. 119.

参考文献

L・M・サラモン／K・H・アンハイアー，今田 忠監訳（1996）『台頭する非営利セクター』ダイヤモンド社，1996年
富沢賢治「はじめに―新しい社会経済システムを求めて」富沢賢治・川口清史

編『非営利・協同センターの理論と現実』日本経済評論社，1997年
野尻武敏「もう一つの第三の道」日本経済政策学会編『国際化時代の経済ルール』日本経済政策学会年報44号，勁草書房，1996年
松本勝明『社会保障構造改革』信山社，1998年
的場信樹「ドイツの協同経済」富沢賢治・川口清史編『非営利・協同セクターの理論と現実』日本経済評論社，1997年
本沢巳代子「ドイツのホーム法と施設介護の質の確保」『経済研究（大阪府立大学）』第40巻第2号，1995年
山田　晟『ドイツ法律用語辞典（改訂増補版）』大学書林，1993年
山田誠一「ドイツの実情」『ボランティア等の支援方策に関する総合的研究』総合研究開発機構，1996年
Braun, J./Kasmann, E./Kettler, U., *Selbsthilfeförderung durch Länder, Kommunen und Krankenkassen,* Schriftenreihe des BMFuS Bd. 42, Stuttgart, 1994
Braun, J./Kettler, U./Becker, I., *Selbsthilfe und Selbsthilfeunterstützung in der Bundesrepublik Deutschland,* Schriftenreihe des BMFSFuJ Bd. 136, Stuttgart Berlin Köln, 1997
Braun, J./Opielka, M., *Selbsthilfeförderung durch Selbsthilfekontaktstellen,* Schriftenreihe des BMFuS Bd. 14, Stuttgart, 1992
Motsch, P., Möglichkeiten und Grenzen von Selbsthilfe, in : *Selbsthilfe 2000,* ISAB-Schriftenreihe Nr. 42, Köln Leipzig, 1996
Olk, T., Selbsthilfe als Beitrag zur Weiterentwicklung des Sozialstaates, in : *Selbsthilfe 2000,* ISAB-Schriftenreihe Nr. 42, Köln Leipzig, 1996
Ritschl, H., *Gemeinwirtschaft und kapitalistische Marktwirtschaft,* Tübingen, 1931
Taube, S., *Neuen Formen organisierter Selbsthilfe älter Bürger,* Marburg, 1993
Trojan, A., Ergebnisse aus Forum 1, in : *Selbsthilfe 2000,* ISAB-Schriftenreihe Nr. 42, Köln Leipzig, 1996
Trojan, A./Deneke,C./Behrendt, J-U./Itzwerth, R.: Die Ohnmacht ist nicht total, in : Trojan, A. (hrsg.), *Wissen ist Macht,* Frankfurt/Main, 1986
von Ferber, C., Sebsthilfe und soziales Engagement in Deutschland, in : *Selbsthilfe 2000,* ISAB-Schriftenreihe Nr. 42, Köln Leipzig, 1996
Weisser, G., Die Rolle der „Gemeinwirtschaft" in der wirtschaftlichen. Entwicklung, in : Weisser, G, : *Beiträge zur Gesellschaftspolitik,* Göttingen, 1978

第Ⅱ部
社会的経済としてのNPO，NGO

5

交流社会の地域づくりとNPOの役割
——「自治会活動」と「町並み保存活動」を事例に

1. はじめに

　第四次全国総合開発計画が「交流ネットワーク構想」を提唱して以来,交流は地域づくりのキーワードとして定着し,交流人口[1]を増やすための取り組みが全国で行われている[2]。どのような地域づくりも居住者の要求に応えるというのが原則であろう。しかし後述するように地域資源が広域的に利用される交流社会では,来訪者の意向を重視した地域づくりが要求される。そこでは資源利用を介して人と地域の関係,地域と地域の関係,そして生活と国土の関係が変容するため,地域資源を適切に管理するための新たな仕組みが必要になってくる。他方,近年地域づくりの担い手としてNPO(広義の民間非営利組織)が注目を集めている。その大きな理由のひとつは政府と企業は地域資源の有力な供給者であっても前者は公平性の面で,後者は採算性の面でそれぞれ制約があり,資源管理のすべての局面には関与することができない点にある。その中で「私」と「公」にまたがる共領域を担うNPOは,両者の限界を補って資源管理に欠かせない広範囲の共同性を形成する役割を期待されている。本章は交流社会で顕在化する地域問題を論じたうえで,「自治会活動」と「町並み保存活動」を事例に地域社会との関わりをもつNPOの役割と形態について考察する。

2．交流と交流社会の様相

　交流とは一般に「人の往来，交わり」をさすが，本書では概念を少し拡大する。2000年の海外旅行者は延べ約1800万人に達し，過去10年間に倍増した。インターネットや携帯電話の普及によって居ながらに世界中の情報を入手し，どこからでも連絡がとれるようになった。通信と宅配サービスの融合によって消費者と生産者は顔の見える売買を行うことが可能になっている。

　移動，通信，流通の分野で起きているこのような変化をマクルーハン（M. Mcluhan）は「身体の拡張」と呼んだ[3]。それはメディア（自動車，飛行機，テレビ，電話など）の発達によってわれわれの手足，目，耳，口が世界の隅々にまで広がっていることを指す。そこで「人の移動」「情報の交信」「物の輸送」を改めて「交流」と呼び，技術革新やインフラ整備，制度改革によって国民の交流能力が著しく向上している今日の社会を「交流社会」と呼びたい。

　さて人びとの生活には日々さまざまな課題が連続して生起し，その解決のためにさまざまな資源が用いられている。この資源を「生活資源」と呼び，これをさらに「保有資源」と「需要資源」に分けて考えてみたい。前者はお金，時間，能力など個々人が保有する資源，後者は商品・サービス，設備や施設など保有資源を投入して利用する資源である。このように考えると人びとは保有資源を投入して域内外の地域資源の一部をそれぞれ需要資源として利用している存在ということになる。

　つぎに利用上の制約から地域資源を「閉鎖的資源」と「開放的資源」に分類しておく[4]。前者は住環境，地域コミュニティ，行政サービスなど居住地に付帯しており，域外の住民には利用が難しく域内の住民は逆に利用を強いられる資源である。後者は雇用や高等教育，レジャー・商業施設などどこに住んでいても必要な保有資源を投入すれば利用できる資源である。

Ⅱ 地域の住民が利用する地域資源

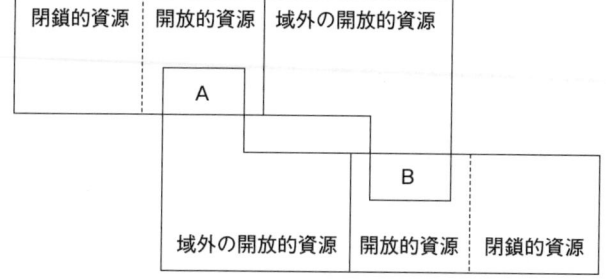

| 閉鎖的資源 | 開放的資源 | 域外の開放的資源 |

A

B

| 域外の開放的資源 | 開放的資源 | 閉鎖的資源 |

Ⅰ 地域の住民が利用する地域資源

図5-1　地域資源の利用をめぐる二地域間の関係

　図5-1は地域資源の利用をめぐる二地域間の関係を模式化したものである。住民が利用している需要資源の総量は自分の住む地域内の閉鎖的資源および開放的資源、そして地域外の開放的資源である。AはⅠ地域の住民が利用する地域外の開放的資源の中でⅡ地域にある開放的資源、BはⅡ地域の住民が利用する地域外の開放的資源の中でⅠ地域の開放的資源である。このAとBは両地域の人びとが交流することで生み出された需要資源であり、ここでは「交流資源」と呼ぼう。国土庁の調査[5]によると地方圏に住みながら必要なときに東京圏のもつ高次の都市機能を利用する交流、あるいは逆に東京圏に住みながら地方圏のもつ魅力を享受する交流が近年盛んになっている。気に入った土地に住み交流資源を広域的に利用するというライフスタイルの普及である。このように需要資源に占める交流資源の比重が増していくのが交流社会の重要な性格のひとつである。

3. 地域問題の構造[6]

1　地域概念の見直し

　人びとの生活が専門機関のサービスへの依存を強める現象が「生活の社会化」であり、現代社会の大きな特徴とされている[7]。社会化は他者との協力

の必要性を低下させるため,同時に生活の個別化を意味する。そのため社会化は生活行動の主体性を高める一方で,生活課題の共有と相互扶助的処理という生活の共同性を低下させ,人びとと地域社会の関係を曖昧なものにする。しかしそれは地域社会を不要にするわけではない。複雑さを増す現代社会では共同性の媒介化が進んでも,人びとの生活条件が相互依存を強めることは避けられないからである[8]。地域社会の形成のためには,地域の問題を認識した住民が他の住民との合意を生み出し,そのうえで生活の諸条件を整えて地域社会の生活を営んでいくことが必要とされる。そこでは住民の主体性をベースに少数の地域住民に自覚されている共同性を,いかに広範囲の人びとに共有させるかが重要な課題となる[9]。

ここまでの議論では地域という用語を漠然と使ってきたが,以下の議論をわかりやすくするために改めてその概念を規定しておきたい。地域とは「政治,経済,社会,文化等の諸過程,諸契機に基づいて相対的に自立した一定の空間的領域」であって,そこに共同性が認められ上記の諸機能が相互に重なり相対的な統一性をもつときそれは「地域社会」と呼ばれる[10]。本章ではこの定義に準じて何らかの基準で統一性をもつ一定の空間的範囲を「地域」と呼び,そこに共同性が認められるときそれを「地域社会」と呼ぶことする。

さて共同性をその契機から3つに分けて考えてみたい。第1は近所のつき合いや相互扶助で生じる共同性,第2は行政サービスの利用や住民組織への参加など何らかの制度に基づく共同性である。これらは限られた範囲に住まうことから必然的に派生するもので,そこから帰属意識や関心領域の共通性に基づく共同感情が生まれる。いずれも地域社会の原点となる共同性である。第3は人びとが居住地を問わず自由に形成する共同性であり,これに基づく結合関係が趣味クラブに代表されるアソシエーションである。

ここで1人の人が利用する生活資源の空間的な広がりを「生活空間」と呼ぶと,地域の物理的範囲と生活空間の関係は図5-2のように模式化できる。A氏とB氏は同じ地域に住む人たち,C氏は別の地域に住む人である。

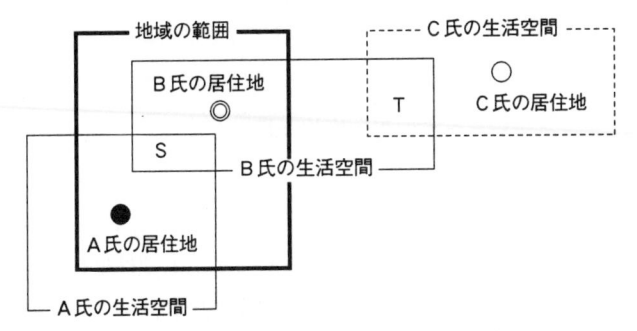

図5-2　地域の範囲と生活空間の関係

そしてSはA氏とB氏の生活空間の重なり，TはB氏とC氏の生活空間の重なりである。同一地域内のすべての住民の間で成立する生活空間の重なりに共同性が認められるとき，そこに地域社会が成立する。そして居住地を問わない任意の人たちの間で成立する生活空間の重なりに共同性が認められるとき，そこにアソシエーションが成立する。地域内で共有されその解決に共同取り組みを要する生活課題を「地域課題」と呼ぶと，生活の社会化は地域課題を減少させ住民にとって地域社会の存在を曖昧なものにする。このとき生活課題がより広範囲の地域で共有され，共同取り組みを要するのであればその課題は広域の地域課題になる。

　しかし人びとの生活空間が個別化しながら拡大する交流社会では，生活空間の重なりがその地域を離れてアソシエーションを形成する傾向を強める。後述するように交流社会では地域資源の管理をめぐって地域内外の関係者が協力することが必要になる。つまり，先に地域社会の要件とした共同性には，その地域と関わりをもつアソシエーションの共同性が含まれることになる。それは共同性の範囲が地域を越えて広がることであり，言い換えれば地域の住民および彼らとその地域の課題を共有する地域外の人びとから構成される地域社会の形成を要請する。

2　地域資源の管理

　生活空間の拡大を「生活の広域化」と呼びかえると，交流社会の生活の特

徴は社会化のうえに広域化が加わる。広域化は生活行動の自由度を高める点で社会化と同じ効果をもつが，地域社会に及ぼす影響が少し異なる。それは社会化によって潜在化した生活条件の依存構造が広域化によって逆に顕在化しやすくなるからである。

さて地域資源を用途に応じて「生活資源」「生産資源」および「環境資源」に分けて考えてみたい。先に規定したように，生活資源は生活に用いられる地域資源，生産資源は生産のために用いられる地域資源，そして環境資源は直接利用の対象ではないが生活と生産の基礎的条件を構成する地域資源である。一般にこのような用途分類は錯綜することが少なくない。例えば山林は木材の生産地（生産資源）であるが，同時に森林浴の場（生活資源）であり空気の浄化や水源涵養の点からみれば環境資源でもある。生活の広域化は地域資源を生活資源として利用する方法を多様化する結果，用途の再編と錯綜を一層促す方向に作用する。そのため以下のような問題が顕在化しやすい状況が生まれる。

第1は生産者と生活者の対立である。農地は重要な生産資源であるが，田園景観の愛好者にとっては魅力的な生活資源である。農家には必要な圃場整備も彼らにとっては景観を破壊する行為でしかない。

第2は居住者と来訪者の対立である[11]。観光客にとって由緒ある町並みは歴史を体感できる観光地であるが，居住者にとっては重要な生活資源であり来訪者は無条件に歓迎されるわけではない[12]。

第3は利用者と管理者の対立である。住民や企業は公的な地域資源の管理は主に行政に委ね，もっぱら利用者の立場を優先する傾向にあったし，他方そうした風潮の中で行政はともすれば管理者の論理に立った資源管理を行ってきた[13]。そのため無責任な利用によって地域資源が劣化したり，画一的な整備や利用によって多様性が低下するという問題が生じている[14]。

第4は市場と政府の限界である。地域資源が商品の場合は市場機構を介して，公共財の場合は行政機構を介していずれも需要と供給の調整が行われる。しかし市場や政府の供給や管理の枠外にある地域資源はそうした調整の

仕組みがないため，無責任な利用によって消耗したり価値を低下させる危険性がある[15]。

最後は地域間の対立である。生活の広域化は相互依存の広がりを通して無意識のうちに遠方の地域や住民との間に利害関係を形成する。そのため交流で豊かになった個人の生活が別の地域に問題を引き起こす可能性が高まる。こうした問題は従来の地域社会のもつ共同性や連帯感といった要素では対応が難しく地域主体や地域管理の議論が必要になる[16]。開放的資源を増やす点で自由な交流は豊かさを増進する条件のひとつに違いない。交流の自由を保障しながら上記の諸問題を防ぐためには新たな共同性に依拠した地域資源の管理が必要になる。

3　地域づくりへの要請

これまでの地域社会をみると一方に管理者の論理に立つ行政があり，他方に利用者の論理をもつ居住者と同時に管理者の論理を併せもつ自治会等の住民組織，それに生産資源を利用する生産者があった。その中で住民は個人の論理と地域社会の論理を調整しながら，そして生産者は生産の論理に立ちながら行政に対してはいずれも利用者の立場を主張する傾向にあったといってよい。しかし地域づくりの主体に住民を置くと，彼らは地域資源を利用する立場とそれを管理する立場を併せもつ存在となる。住民が利用者と管理者の立場を融合させ，より良い地域をつくろうとする限りにおいて地域づくりは成功する。

さて以下の議論を明確にするため地域づくりの概念を改めて規定しておきたい。つまり「地域社会の福祉を増進させることを目的に限られた財源や環境の制約のもとで地域資源を最適に管理（開発・供給・保全）すること」と考える。このとき住民にとって地域は2つの関わりをもつことになる。地域資源を利用する場であると同時に地域資源の管理に責任を負う場である。一般に人びとは来訪者として地域外の資源の自由な利用を望みながら，住民としては地域外からの無責任な利用を排除するため自らの管理下に置きたいと

願う。しかし交流社会では地域資源の相互利用と用途の錯綜が進むため住民の立場は流動的になる。居住者として地域内の資源の利用者であり同時に管理者である。交流先ではその場の地域資源の利用者であり，交流事業に関われば資源の供給者にもなる。それに他地域にある交流資源の管理は重要な関心事である。そのため交流社会では地域内外の関係者の間に協力関係が成立しやすい状況が生まれる。こうした立場の流動化が身勝手な立場の使い分けに終わるのか，それとも域内外の関係者による地域資源の共同管理に発展するのか，交流社会の地域づくりにとって重要な問題である。交流を重ねる来訪者が，その土地で他者と何らかの生活課題を共有すればそこにアソシエーションが生まれる。このアソシエーションが当該地域の課題を理解することも共有することもなければ，それは交流資源の利用者集団に過ぎない。しかし地域課題を共有してその解決に協力するのであれば，地域づくりの有力なプレーヤーになりえる。

　交流資源が豊富でなければ自由な交流も意味をなさない。現代社会では，地域資源の供給者としてフォーマルセクター（市場と政府）が重要な役割を担っている。人びとは民間サービスの場合は購買行動を通して，公共サービスの場合は投票行動を通して，それぞれ必要な地域資源の供給を促す仕組みになっている。しかし生活課題が高次化すると地域資源への需要が多様化し細分化するため，フォーマルセクターの供給だけでは需要に応じきれなくなる。そのうえ欲求が自己実現志向や社会志向を強めてくると，不足する地域資源を自ら供給しようとする人びとが現れる。彼らは意欲はあっても各人は微力であり，その思いを実現するためには志を同じくする他者との連帯が必要になる。これが近年注目を集めているインフォーマルセクター（ボランティアや民間非営利組織）の原点であり，少数の人びとに自覚された共同性を地域の枠を越えて広げる有力な仕組みのひとつである。その中で特定の地域課題と関わりをもつ組織が上述した地域づくりのプレーヤーになる。それは不足している地域資源の供給という地域課題を自らの生活課題とする有志の集まりであり，参加者の居住地を問わない。納税者として地域づくりを行

政や専門家に委ねたり，消費者として市場機構を介して地域が望ましい方向に変わるのを期待することは可能である。そして「足による投票」を行使して気に入った土地に移り住むことも自由である。しかし広域利用が進む地域資源の管理では当該地域を越えた広範囲の共同性が不可欠である。それには最も重要なプレーヤーである地域内の住民が責任をもって複数の役割を演じること，そして地域外の利用者も有力なプレーヤーとして地域づくりに参加することが要請される。

交流先の地域課題を自らの生活課題にすることは決して容易なことではない。しかし交流能力の向上はそれを容易にする方向にも作用する。それがすでに述べた「身体の拡張」の効果である。人は移動して新しい地域を体験することによって生活領域で起きているさまざまな現象に対する認識を変える[17]。単なる商行為であっても「ふるさと宅配便」のように相手が見える売買であれば相互に地域事情を知ることができるし，情報化によって移動や物流の限界を越えた広範囲の空間認識が可能になっている。このように交流能力の向上は人と地域，あるいは人と人のコミュニケーションを活発にして地域課題の広域的な共有を促すことができる[18]。生活課題が地域を越える一方で必ずどこかの地域課題と結びつく。ここに通地域性を強めながら地域性を失わないという交流社会の地域づくりの両義性がある。

4．共同性の形成とNPOの役割

閉鎖的資源の管理を行ってきた自治会も生活の広域化が進めばその活動は公益性を帯びる。また閉鎖的資源である町並みも地域外の人びとを魅了すれば交流資源としての性格を帯びる。いずれの場合も広範囲の共同性を必要とする事態が生じる。本節では「自治会活動」と「町並み保存活動」を取り上げ，どのような形で上記の共同性が成立しているのか，あるいは成立できるのか，そしてその中でNPOがどのような役割を担っているのか，あるいは担えるのかを検証してみたい。

1　自治会活動[19]

　地域住民組織の中心にある自治会は一般に次のような特徴をもつとされる[20]。「加入単位が世帯であること」「ある地域空間を占拠し地域内に一つしかないこと」「特定地域の全世帯の加入を前提としていること」「地域生活に必要なあらゆる活動を引き受けていること」，そして「行政の末端機構としての役割を担っていること」である。そのため「非政府性」「自発性」「公益性」に欠けるとして，自治会は民間の非営利組織であってもNPOとしては認知されてこなかった。

　ここでは㈶21世紀ひょうご創造協会[21]が自治会長を対象に行ったアンケート調査（1995年3月実施）の結果を用い，ボランティア団体との関わりを通して，自治会が広域の共同性を担えることを示し自治会の再評価を試みてみ

表5-1　自治会の活動領域

(%)

	N	地域の防火・防犯活動	地域の環境整備・環境衛生	共有財産の管理・運営	市町への陳情・要求	親睦会・親睦旅行	祭り・宗教行事	運動会・スポーツ大会
全体	270	57.4	67.0	28.1	27.4	21.1	32.2	70.4
旧市街地	85	60.0	68.2	10.6	21.2	37.6	47.1	56.5
新ニュータウン	24	37.5	83.3	16.7	29.2	8.3	33.3	95.8
複合地域	37	56.8	78.4	45.9	24.3	16.2	35.1	59.6
旧村落	42	42.9	57.1	73.8	61.9	16.7	38.1	64.3
旧ニュータウン	82	68.3	61.0	18.3	17.1	12.2	12.2	85.4

各種のサークル活動	講習会・講演会	子供会など青少年の育成	高齢者への福祉活動	募金などの社会貢献活動	住まい方のルールづくり	意見・利害の調整	市町からの依頼業務	その他	不明
4.1	3.3	32.6	14.8	34.8	5.6	6.7	68.2	2.2	0.8
4.7	4.7	36.5	22.4	18.8	3.5	2.4	71.8	1.2	1.2
8.3	0.0	29.2	0.0	50.0	4.2	8.3	66.7	4.2	0.0
5.4	5.4	27.0	5.4	27.0	8.1	8.1	75.7	0.0	0.0
0.0	2.4	21.4	0.0	23.8	0.0	9.5	61.9	0.0	2.4
3.7	2.4	37.8	23.2	56.1	9.8	8.5	64.6	4.9	0.0

注）重要なものを最多5つまで選択。
(出所)　㈶21世紀ひょうご創造協会アンケート調査（1995年3月）より。

表5-2　活動領域の変化

(%)

	N	自治会とは別組織になる	清掃活動を市町が行う	神事などの活動が中止	社会貢献活動が増える	神事などの活動が復活	新しい活動が生まれてきた	依頼業務が増えてきた	その他	特に変化はない	不明
全　　　体	270	28.5	6.7	7.0	52.2	8.5	15.9	69.2	3.7	14.1	1.5
旧 市 街 地	85	41.2	9.4	5.9	32.9	18.8	14.1	72.9	2.4	15.3	3.5
新ニュータウン	24	12.5	0.0	0.0	45.8	8.3	20.8	79.2	8.3	8.3	0.0
複 合 地 域	37	24.3	2.7	13.5	75.7	5.4	21.6	83.8	5.4	8.1	0.0
旧 村 落	42	11.9	7.1	11.9	64.3	7.1	31.0	69.0	0.0	9.5	0.0
旧ニュータウン	82	30.5	7.3	4.9	57.3	0.0	6.1	56.1	4.9	19.5	1.2

注）当てはまるものすべてを選択。
（出所）表5-1に同じ。

表5-3　ボランティア団体との関わりの有無とその内容

(%)

	N	関わったことがある	関わったことはない	分からない	不明	N	団体の活動を手伝う	間接的に活動に協力	団体に手伝ってもらう	間接的に協力してもらう	課題への共同取組み	その他
全　　　体	270	28.5	50.0	19.3	2.2	77	63.7	50.7	13.0	9.1	27.3	6.5
旧 市 街 地	85	23.5	62.4	11.8	2.3	20	80.0	40.0	5.0	0.0	15.0	10.0
新ニュータウン	24	33.3	50.0	16.7	0.0	8	50.0	87.5	37.5	0.0	25.0	12.5
複 合 地 域	37	27.0	56.8	10.8	5.4	10	60.0	60.0	10.0	20.0	10.0	0.0
旧 村 落	42	38.1	38.1	21.4	2.4	16	56.3	25.0	18.8	12.5	56.3	6.3
旧ニュータウン	82	28.0	40.2	30.5	1.3	23	60.9	60.9	8.7	13.0	26.1	4.3

注）関わりの内容は当てはまるものすべてを選択。
（出所）表5-1に同じ。

たい。なお調査票での公益活動とは「地区や行政区域にこだわらない広域的な社会貢献活動」をさしている。議論の対象にしたのは性格の異なる5地域の自治会（270地区）である。構成は「旧村落」（竹野町：42地区），「旧市街地」（姫路市都心部：85地区），「旧ニュータウン」（千里ニュータウン：82地区），「新ニュータウン」（三田市ニュータウン地区：24地区），および「複合地域」（社町：37地区）である。

はじめに自治会の主な活動を示したのが表5-1である。いずれの地域も「運動会・スポーツ大会・盆踊り」「市町からの依頼業務」「地域の環境整備・環境衛生」「地域の防火・防犯」が上位を占める。ただ新旧のニュータ

表5-4 ボランティア団体の評価と関わりの展望

(%)

	N	ボランティア団体との協力				ボランティア団体の評価				関わりの展望			
		可能	不可能	分からない	不明	役立つ	役立たない	分からない	不明	増える	増えない	分からない	不明
全体	270	46.7	6.3	44.1	2.9	31.5	10.3	52.6	5.5	27.3	6.8	59.6	6.4
旧市街地	85	42.4	10.6	42.4	4.6	25.9	11.8	51.8	10.5	29.2	12.5	58.3	0.0
新ニュータウン	24	58.3	4.2	37.5	0.0	33.3	8.3	58.3	0.1	48.6	2.7	43.2	5.5
複合地域	37	59.5	5.4	29.7	5.4	48.6	5.4	35.1	10.9	33.3	11.9	50.0	4.8
旧村落	42	42.9	2.4	52.4	2.3	31.0	14.0	52.4	2.6	26.8	6.1	65.9	1.2
旧ニュータウン	82	43.9	4.9	50.0	1.2	29.3	9.8	59.8	1.1	16.7	0.0	66.7	16.6

(出所) 表5-1に同じ。

ウンだけは募金やボランティア活動などの社会貢献が主要な活動のひとつになっている。活動領域の変化をみるといずれの地域も市町からの依頼業務と並んで社会貢献活動が増えている（表5-2）。つぎにボランティア団体との関係をみるといずれの地域も3割前後が関わった経験をもち，その内容は主に「ボランティア団体の手伝い」「場所の提供」である（表5-3）。なお地域別の特徴としては旧村落で共同取り組みを行った自治会が，新ニュータウンでは活動を手伝ってもらった自治会がそれぞれ比較的多くなっている。

まちづくりにおけるボランティア団体との協力については可能だとする自治会が半数近くあり，ボランティア団体の評価としては3割程度が自治会の抱える問題の解決に役立つと考えている。そして両者の関わりの展望に関しては地域的に評価が分かれるが，概ね3割程度の自治会は増えることを予想している（表5-4）。なお最後の展望では「分からない」という自治会が多いのが特徴として指摘できる。公益活動に対する考え方では，自治会は地元のための組織であり，公益活動にかかわる必要はないと考える自治会は3割程度に過ぎず，7割近くが公益活動の必要性を認めている（表5-5）。ただしその方法は直接か間接かで意見が分かれるが，それでもほぼ半数は自らも公益活動を行うべきだとしている。このような評価と活動の活発さとの関係を示したのが表5-6である。いずれも有意な関係が認められる。活発な自治会はそうでない自治会よりもボランティア団体とかかわった実績が多く，

表5-5　公益活動に対する考え方

(%)

	N	公益活動の必要性			公益活動の方法		
		必要	不要	不明	間接	直接	不明
全体	270	70.4	28.1	1.5	48.7	47.6	3.6
旧市街地	85	72.9	25.9	1.2	59.7	37.1	3.2
新ニュータウン	24	66.7	33.3	0.0	43.8	56.2	0.0
複合地域	37	64.9	29.7	5.4	54.2	45.8	0.0
旧村落	42	66.7	31.0	2.3	28.6	64.3	7.1
旧ニュータウン	82	73.2	26.8	0.0	46.7	48.3	5.0

(出所)　表5-1に同じ。

表5-6　活動の活性度とボランティア団体との関わり

(%)

	N	ボランティア団体との関係				ボランティア団体の評価				ボランティア団体との協力				公益活動の必要性		
		関わったことがある	関わったことはない	分からない	不明	役立つ	役立たない	分からない	不明	可能	不可能	分からない	不明	必要	不要	不明
活発である	67	40.3	43.3	11.9	4.5	50.7	3.0	38.8	7.5	61.2	3.0	31.3	4.5	82.1	16.4	1.5
活発でない	38	15.8	60.5	23.7	0.0	23.7	18.4	55.3	2.6	42.1	13.2	44.7	0.0	63.2	36.8	0.0
保留	164	26.2	51.2	21.3	1.3	26.2	11.0	59.1	3.7	45.1	4.9	47.6	2.4	67.7	30.5	1.8

注)　χ2検定：　p<0.05　　　　p<0.01　　　　　p<0.05　　　　p<0.05
(出所)　表5-1に同じ。

ボランティア団体への評価も高いことがわかる。そして今後の協力関係にも前向きで公益活動の必要性に対する意識も高い。

　以上のように今日の自治会では自治会本来の活動が重視される一方で、ボランティア団体とのかかわりが増え、公益活動の必要性が認識されていることがわかる。そして別の調査[22]によるとボランティア活動に熱心な人は自治会活動にも熱心であることから、自治会活動の広がりの中で公益活動が増え、逆に公益活動の広がりが自治会活動を活発にするという構図が窺える。そしてその動きを促進しているのがボランティア団体とのかかわりだといえそうである。それはボランティア団体のように組織外部へ向かって活動する団体は、社会的領域（公益）と共同生活領域（互助）の活動を媒介できるからである[23]。彼らは地域社会が抱える問題の普遍性を認識しやすい立場にあるため、地域課題の広範囲の共有化と共同取り組みを促す作用をする。他

方，彼らの活動が特定の地域とかかわるとき，その地域の意向を代表する自治会の協力は大きな力になる。つまりボランティア団体は自治会と社会的領域を媒介し，他方自治会はボランティア団体と共同生活領域を媒介するという相互補完の関係にあるといえよう。そして互いに触発し合い協力できれば，両者は地域づくりの有力なプレーヤーの一員になりえる。このような視点に立てば，NPOの要件を満たさなくてもNPOの議論の中で自治会の機能や役割を論じることが大切ではなかろうか。

2　町並み保存活動[24]

1996年（平成8年）に改正された文化財保護法は文化財活用の促進を提唱し，同年建設省は「文化を守り育む地域づくり・まちづくりの基本方針」を策定した。これらを契機として歴史的遺産を地域づくりに積極的に活かそうという機運が急速に高まってきた[25]。さて町並みは生活の場である点で他の文化財と性格が大いに異なる。これを利用形態からみるとつぎのようになろう。

文化財としての町並みは共同的，選択的に利用され，かつ特定の利用を排除できない地域資源である。それは市場による供給が難しく，政府が社会の発展に有用だと判断して供給する価値財の一種である。価値財の評価は個々人の嗜好に属するため，利用者の要求水準が上昇すると需要が細分化し，利用の共同性と選択性の両立が難しくなる。民主主義国家の政府は一部の国民に需要されても大多数の支持が得られない財は供給することができない[26]。そのため特別な価値をもつ場合を別にすれば，一般の町並みは公的な供給が望まれてもそれが難しい地域資源のひとつである。他方，生活の場としての町並みは個別的，必需的に利用される生活資源，あるいは限られた保存地区内で共同的に利用される必需的な地域資源である。したがって町並みの保存とその公開は閉鎖的資源を交流資源として活用する取り組みといえ，地区住民の理解と協力に基づく地域資源の共同管理を必要とする。以下では㈶21世紀ひょうご創造協会[27]が「兵庫・町並み保存会議」[28]参加団体を対象に

行ったアンケート調査（1996年2月）の結果から共同管理に果たしているNPOの役割を検証してみたい。

　はじめに構成員の性格から保存団体を5つの形態に分類し，それぞれの実態を整理したのが表5-7である。「市民型」は特定の地域や建物に愛着をもつ一般市民の集まりであり，「専門型」は建築家のボランティア集団である。両者が会員の居住地を問わないのに対し，「住民型」は保存地区およびその周辺地域の住民を中心とする団体であり，「自治会型」は景観形成地区の住民を会員とする団体である。「公益法人」は基金を保有しその運用益で保存のための活動を行う団体である。このような団体が担っている役割を整理すると，概ねつぎの5つに集約できそうである。

　第1は啓発活動である。関係者や一般市民から協力を得るためには，町並みへの関心と理解を深めることが不可欠であり，見学会や講演会，イベントやパネル展示などの啓発活動を継続的に行う必要がある。この役割は主に市民型と専門型が担う。

　第2は行政への働きかけである。活動の継続にとって行政の関与は重要な要素である。それには市民の声や専門家の意見などを行政に伝え，町並みの公共的価値や公的支援の必要性を訴えることが必要になる。また，保存活動を円滑に進めるためには行政と地区住民の意向を調整することが重要になる。これらの役割は主に専門型，住民型，そして自治会型が担う。

　第3は技術支援である。町並み保存は多岐にわたる専門的な知識や技術を必要とする。行政の担当者や地区住民にそれらのすべてを期待することは無理であり，郷土史家，建築家，都市計画家などの協力が欠かせない。これは主に専門型の役割である。

　第4は経済支援である。保存活動が軌道に乗るまでは財政力の弱い団体や一部の活動家に資金援助を行って活動を継続させる必要がある。それに永続的な保存を行うためには建物所有者への助成措置は重要な問題である。これは主に財団型や行政が担う[29]。

　最後は保存事業の実践である。保存地区の設定や保存計画の策定，計画に

表5-7 町並み保存に関わるNPO

《市民型》

■神戸港を考える会（神戸市）
　タウン誌編集者，書店主，商業デザイナー，建築家，船長，高校教師などの呼びかけで発足した海，船，港が好きな市民の集まり。潤いのある神戸港の整備と周辺地域の活性化を目的に，ハーバーランドレンガ倉庫，海岸の石積み，海岸通，旧居留地のまち並み保存と再利用などで実績をもつ。現在は港界隈の観察会，メリケン地蔵の維持管理，まちづくりへの提言などを実践している。元町の振興組合や町内会との意見交換，全国の港街の行政マンや市民団体とも連帯しているが神戸市との関係は薄い。

■港まち神戸を愛する会（神戸市）
　旧神戸商工会議所保存運動で集まった市民が，建物が壊されたときに設立した団体で中央区を対象に建物の保存運動とまちづくりへの提言を目的に活動している。神戸税関等の保存運動，タウンウォッチングやシンポジュウムの開催で実績をもつ。「港まち神戸を考える会」や「神戸の建築を考える会」などの類似団体との交流は盛ん。一般市民のイベント参加も多いが神戸市や企業との関係は薄い。

■三木の町並みスケッチを続ける会（三木市）
　1980年以来，三木市の古い町並み景観の良さを見直すことを目的に，一市民が古い商家，旧街道筋の景観，変わりゆく景観のスケッチを続けている。毎年，町並みスケッチのシリーズで絵はがきの作成や，これまで数回スケッチ展を開催している。町並みスケッチ展のテレビ放映，絵はがき10集，市民向け印刷物の表紙作成などの実績をもつ。

《専門型》

■新建築家技術者集団西播磨ブロック（龍野市）
　1970年に発足した「新建築家技術者集団」の一支部で，西播磨という広域から建築関係の技術者が参集した団体。活動の目的は社会発展における建築の役割の追求，技術者の交流と連帯など幅広く，町並み保存活動はそのひとつ。龍野市の景観形成地区の町並み保存に対して1年間アドバイスを行った。現在の主要な活動は優れた町並みの視察や調査。

■なんたんまちなみたんてい団（八鹿町）
　兵庫県建築士会南但支部会員を中心とする団体で，自分たちの地域の歴史，風土，習慣を知り，次代に伝えることを目的に活動している。景観やまち並みの観察，写真やスライドの保管などで実績をもつ。但馬学研究会などの類似団体との交流，「出石城下町を活かす会」との協力，町や各種団体に対してまちづくりの参考となる資料の提供など，他の団体と幅広い関係を形成している。

■阿波のまちなみ研究会（鳴門市）
　建築士会員が原則であるが，一般市民の参加も可。会員個人の自主的な研究の場として，徳島県の民家，町並みの調査・記録を目的に，県下各地の自主調査や市町からの依頼調査，まちづくりの提案やイベントの実施，保存地区指定の選定や文化財指定への協力，調査結果の出版などで実績をもつ。類似団体や行政，企業との協力関係はなく単独で活動している。

《住民型》

■出石城下町を活かす会（出石町）

「兵庫・町並みゼミ出石大会」を機にライオンズクラブの呼びかけで発足。出石町民の有志が会員で大半が保存地区の住民。永楽館の保存・活用に向けての住民啓発，町文化財指定に向けての取り組み，谷山川・出石川の親水・修景事業への参画，広報誌「連格子」の発行，伝統行事のビデオ作成など活動は多彩である。永楽館と酒蔵の改修が今後の課題。行政，観光業界との関係は良好で地区自治会との関係は希薄。

■龍野霞城文化自然保勝会（龍野市）

当時の東丸の社長の呼びかけで発足した会員3000人を越す大団体。会員の資格は問わないが，指定地区内の全自治会が加入し，ほとんどが指定地区内住民。県の景観形成地区の指定，白壁・和瓦の赤とんぼ交番，大川べりの大楠の保全，地元信用金庫の和風の出張所などの実現に実績をもつ。市と市民，市と国・県との仲介役を担ってきたが，近年は活動が低迷し主な活動は『季刊龍野春秋』の発行である。

■潮音会（姫路市）

姫路市から「都市景観形成市民団体」の認定を受け，網干区を中心にイベントの企画と実践，網干史跡マップの作成，都市景観や都市基盤整備の調査・研究，花いっぱい運動など都市づくりに関する幅広い活動を行っている。連合自治会や姫路市との関係も良好。イベント開催時には関係自治会や婦人会と協力し，企業からも協賛金を得ている。行政から活動助成を受ける資格はあるが実績はない。

《自治会型》

■美しく寺町を守る会（尼崎市）

行政の呼びかけで発足した団体で市の都市美形成条例にもとづく指定地区の住民だけで構成。寺町地区の町並みを次代に残すことを目的に，講演会，他の保存活動団体との交流会，他地域のまち並みの見学会などの活動を実践している。地区指定に際しては範囲の決定に協力，地区内で家屋を新築・増改築する場合のルールづくりなどで実績をもつ。行政から助成金，地元信用金庫の地域振興財団から活動資金の提供を受けている。

■坂越のまち並みを創る会（赤穂市）

行政の呼びかけで発足し，景観形成地区の住民は全員加入。景観形成のための啓発資料の作成，地区内・隣接地の景観対策に関する協議，地区内のパトロールなどを実施。助成制度の確立に対する働きかけ，景観ガイドラインの作成，駐車場の整備，サイン整備事業への協力などで実績をもつ。坂越歴史研究会，他地区の自治会や行政，企業との関係も良好。行政の保存事業の円滑な実現に協力する一方，毎年，地区住民の要望をまとめて市に提出している。行政と企業から助成金や寄付を受けている。

■小浜自治会町並み部会（宝塚市）

町並み保存に理解のある人が自治会の部会を形成。小浜の歴史的な町並みを活かした魅力あるまちづくりを進めることを目的に，市の景観形成地区の指定，小浜宿資料館の建設，民家の買い上げなどに協力してきた。自治会活動と一体となって活動し，小浜宿まつりでは近隣地区とも協力している。行政とは毎年要望書の提出，市長との歓談会，助成など関係は良好。祭りの実施では地元企業からも援助金を受けている。

《公益法人》
■㈶兵庫県都市整備協会（神戸市）
　1972年に設立された兵庫県，および神戸市を除く県下の20市の出捐による財団法人。事業は「都市計画及び，土地区画整理事業に関する啓発，相談，指導，及び業務受託」と「景観形成の推進」の二本柱から成っている。後者に含まれる「景観の形成に関する普及啓発」と「景観形成助成事業」の中で助成措置を行っている。1996年度実績：助成件数42件，助成金額約2100万円。
■東丸記念財団（龍野市）
　ヒガシマル食品㈱の保有していたヒガシマル醬油㈱の株式等を基本財産として1982年に発足した財団法人。県指定重要民俗文化財「うすくち龍野醬油資料館」の運営，「龍野霞城文化自然保勝会」の後援，その他地域の文化向上，自然保護に資する事業を実践している。

注）（　）内の市町名は連絡先，あるいは法人登録住所。
（出所）　㈶21世紀ひょうご創造協会のアンケート調査（1996年2月）より。

沿った建物の改修や改築，それに景観にそぐわない建築や土地利用の防止などさまざまな作業や活動が必要になる[30]。ほとんどの団体が各々の役割を担うことになるが，行政が歴史的なまちづくりを事業化している場合はとくにその役割は大きい[31]。

　つぎにこうした役割を保存活動の各段階に即して整理してみると，

　第1は一部の人だけが町並みの価値を理解している段階である。この場合に重要なのは先に述べた啓発活動である。「新建築家技術者集団」「なんたんまちなみたんてい団」「三木の町並みスケッチを続ける会」などの専門型や市民型が活躍するのはこの段階である。

　第2は活動の効果や社会環境の変化によって保存の必要性を理解する人が増えてくる段階である。理解者の力を結集して運動を盛り上げることが重要になるため，市民型や専門型の役割が大きくなる。「神戸港を考える会」「港まち神戸を愛する会」の実績はこの事例である。

　第3は活動が盛り上がって行政の関与が検討される段階である。条例や助成措置の創設には住民の合意が必要であり，住民型と自治会型が重要な役割を担う。「出石城下町を活かす会」「美しく寺町を守る会」「坂越のまち並みを創る会」「龍野霞城文化自然保勝会」はこの段階で重要な役割を果たした。また，保存方法の選定や計画づくりでは専門家の協力が必要になる。

「阿波のまちなみ研究会」は徳島県脇町の重要伝統的建造物群保存地区の指定でその役割を担った。

　第4は公的な事業化が始まった段階である。この段階では行政と連携した継続的な取り組みが必要になるため，「美しく寺町を守る会」「坂越のまち並みを創る会」「㈶兵庫県都市整備協会」などの自治会型や公益法人が重要な役割を果たしてきた。

　最後は優れた町並みを再生産していく段階である。兵庫県内でも町並み保存の先進地とされる出石町と龍野市ではそれぞれ独自の助成措置を講じており，不十分な点が残るものの保存活動の枠組みは一応整っている。しかし対象地区の高齢化や人口の流出によって町並みの一部に空き家や空き地が生じており，町並み保存の難しさが改めて指摘されている[32]。条例による規制や助成措置が整っても，あるいは観光地として成功しても住民がそこでの生活に魅力を感じ住み続けたいという意欲がもてない限り町並みの保存は難しい。わが国では「まもる」に値する景観が数多くある一方で，近代都市として「つくる」べき景観も多く両方の視座が必要とされる[33]。そのため町並み保存においても既存のものを守るだけでなく，優れた町並みを創っていくという姿勢が大切になる。例えば「㈳奈良まちづくりセンター」は奈良町（奈良市）の町並みを残そうという運動から発展した団体である。現在は専門スタッフを抱え，会費，寄付金，助成金，活動収入などを資金源に奈良の歴史的環境の保全とそれを活かした地域振興運動や各種の調査，政策提言などを行っている。

　以上のように各種のNPOが各々の役割に応じてさまざまな形で町並み保存にかかわっていることがわかる。保存活動は町並みという特殊な地域資源を交流資源として開発・管理する永続的な取り組みである。そのため地区住民の合意形成，規制と公的助成のバランス，負担と便益の公平性，保存のための技術開発やデザインの設計など対処すべき問題は多岐にわたる。関与するプレーヤーの能力は限られているため，地区住民，NPO，行政，企業，一般市民など異なる思いと能力をもつプレーヤーが協働しつつ全体として優

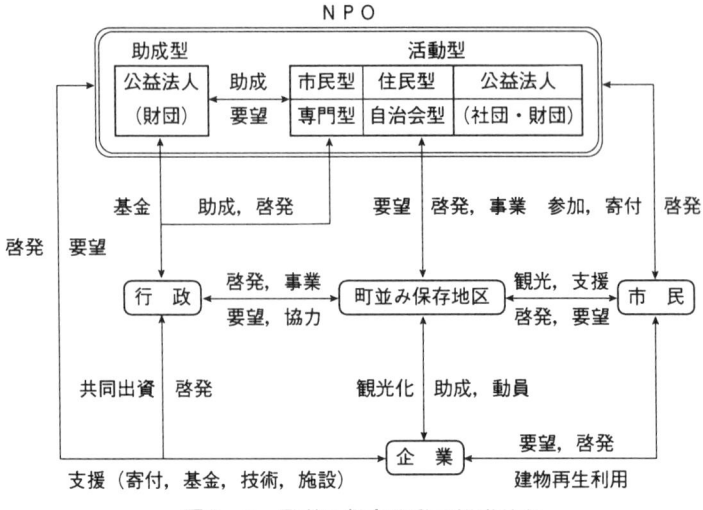

図5-3 町並み保存運動の推進体制

れた町並みを創っていく仕組みが必要になる。図5-3はその構造を模式的に描いたものである。地区住民の協力は不可欠な要素であっても当初から全員の合意を得ることは不可能に近い。また，制度や資金の面で行政の役割は大きいが当初から保存活動に関与することは難しい。そのため地域を越えたな問題意識をもち，地域社会のしがらみや制度の制約を受けにくいNPOが中心となって域内外のプレーヤーの参加を促しながら少しずつ共同性の範囲を広げていくことが重要になる。もちろんその活動の中では地区住民の意向が最も尊重されることはいうまでもない。町並み保存の活動は終わりのない運動のようなものであり，そのエネルギーの源をたどれば結局保存地区住民の意欲に行き着く。彼らの意欲を高め持続させるためには保存地区の利害を調整し彼らの思いを保存活動に反映させる仕組みが欠かせない。この点でも自治会を含む地域住民組織の役割は大きいといえる。

5．おわりに

　本章は交流社会で顕在しやすい地域問題について考え，その解決に広範囲の共同性，つまり地域や立場を越えた地域課題の共有と地域資源の共同管理が必要であることを論じた。そのうえで自治会活動と町並み保存活動を事例にNPOが地域社会を取り込んだ広範囲の共同性の形成に重要な役割を担っていること，あるいは担う必要性があることを示した。限られた調査ではあったが，ボランティア団体とのかかわりを通して自治会が社会的領域への関心と関与を強めていること，そして町並みを交流資源として保存する活動の中で各種のNPOが地域資源の共同管理にかかわっていることがわかった。このような事実はNPOの活動が媒介となって自治会を中心とする地域住民組織が広範囲の共同性を担う有力な地域プレーヤーになる可能性を示唆している。わが国ではこれまで地域住民組織が社会政策の担い手のひとつとして重要な役割を果たしてきた。このことを考慮すればNPOの発展を論じる際には地域社会の能力を活かすことが重要ではないかと思われる。表5－2に示したように，自治会で対応できなくなった活動が廃止され，あるいは別の組織に移ったり，その一方で新しい活動が生まれたり古い活動が復活したりしている[34]。NPOとの関係を深めていけば自治会自身も変化し，公的な領域を担う新たな組織が生まれてくる可能性がある。そのとき地域社会には生活課題全般を担うこれまでの自治会のほかに公益活動を行うボランタリーな組織が誕生し，そこに地域外のNPOとの協力関係が生まれると地域社会をベースにした新しいタイプの公益活動の仕組みが成立する。ここに日本的なNPOの発展方向のひとつがあるのではないか。

　倉田和四夫[35]は「流動的な社会でも共同体の形成は可能であり，自由な選択を基盤にしてはじめて強制されない自由意思による温かい社会関係が発展する」と述べ，これからの地域社会に要請される条件のひとつに自己の選択によって自由な参加が認められる「開かれたシステム」を挙げている。ま

た，新川達郎[36]は「地域型NPO」の概念を提唱し，その基本属性として次の4点を挙げている。「社会性」，つまり社会的目標をもって地域社会で活動すること，「公益性」，つまり活動が地域社会の共通の利益に結びつくこと，「組織性」，つまり活動を継続する能力と自己革新をしていく自己組織性を保持すること，そして「経済性」，つまり事業継続に必要な経済的基盤と経営能力を保持することである。したがって地域型NPOが倉田のいう「開かれたシステム」のもとで地域社会の範囲を越えた「公益性」を備えればそれは先に述べた日本的なNPOのひとつになる。アンケート調査ではボランティア団体とのかかわり方に保留（わからない）の回答を寄せる自治会が多かった。この理由としてほとんどの団体が任意団体の形で活動しているため，活動規模も小さくその実態が十分知られていないという事情が考えられる。地域社会にとってNPOが身近な存在になるためには法人格を取得することによって法的地位を確立することや，信用を高めるために組織や活動に関する情報を一般に公開することなどが必要になろう[37]。

（謝辞）　本章執筆に当たり快くデータを提供くださった㈶21世紀ひょうご創造協会に謝意を表します。

注

1) 交流人口の定義はさまざまであるが，国土庁（1995）は「交流のうちでも地域政策の視点からみて地域に影響を与えていると考えられるものを，地域に住んで地域に影響を与えている定住人口と対比し，あるいはそれを補完するものとして捉えた概念」を交流人口と呼んでいる。
2) 国土庁（1994）pp. 85-145
3) 栗原・河本（1987）pp. 59-64
4) 植野（1995）pp. 70-82
5) 国土庁（1993）p. 157
6) 植野（1999）pp. 35-52
7) 倉沢（1987）p. 293
8) 森岡（1993）p. 21
9) 清原（1992）pp. 51-52

10) 似田貝（1993）p. 982
11) 三隅（1992）pp. 243-259
12) 丹波（兵庫）地域の住民意識調査によると，回答者の9割以上が集客に伴うマイナス効果を認めており，中でも「ゴミの散乱，自動車の騒音や排ガスで環境が悪くなる」「道路が混雑する」「地域全体が騒々しくなる」などの問題が重視されている（㈶21世紀ひょうご創造協会，1994）。
13) 大谷（1987）pp. 176-183
14) 大谷（1987）は「使用価値に基づく空間利用が卓越する農業社会では，空間利用に地域性が色濃く反映されていたが，交換価値に基づく空間利用が卓越する産業社会では，空間利用が地域性を失い同質性を強める」と経済的側面に片寄った地域振興の問題点を指摘する（pp. 183-187）。
15) 山間地域や都市的地域では生産資源としての価値が低下したために放置された農地が増えており，適正な農業生産活動や農地の保全を通じて発揮される農地の国土及び環境の保全，田園景観の形成といった機能が低下している（国土庁計画・調整局編，1994）。
16) 黒田（1998）pp. 3-14
17) 大森（1992）p. 2
18) 社会的コミュニケーションは情報の交換，共有，生産を通して人と人を結びつけ，協力，分業あるいは競合，支配といったさまざまな社会関係を存立させる一方でその関係を変え，新しい社会関係を創り出す（林，1990）。
19) 植野（1996）pp. 137-153
20) 鳥越（1994）p. 9
21) ㈶21世紀ひょうご創造協会（1995a）pp. 247-263
22) ㈶21世紀ひょうご創造協会（1995b）pp. 217-236
23) 似田貝（1995）pp. 125-126
24) 植野（1998）pp. 119-129
25) 岡崎（1997）pp. 67-82
26) L・M・サラモン（入山訳）（1994）p. 26
27) ㈶21世紀ひょうご創造協会（1996）pp. 131-148
28) 1985年に「全国町並みゼミ」の第8回大会が龍野市で開催されたのを機に兵庫県内でも同様の場を設けようと1987年に「兵庫町並みゼミ」が発足した。以後毎年1回，会員団体の本拠地で大会を開催しており，保存運動の貴重な情報交換の場になっている。1997年の第11回大会から「兵庫・町並み保存会議」と改称している。
29) 例えば㈶東丸記念財団は龍野霞城文化自然保勝会の後援だけでなく，民俗

文化財の「うすくち龍野醬油資料館」の保存・運営を行っている。他方㈶兵庫県都市整備協会は県からのの交付金（10億円）を中心に「景観基金」を創設（1990年）し、その運用益で景観修景にかかわる建物の改修・改築に助成を行っている。前者は純民間の法人であるのに対し後者は民間からの寄付金を募っているものの基金のほとんどは行政に依存している。
30）　例えば「妻篭宿保存財団」（長野県南木曽町）は外部資本による観光資源の買収を防ぐ目的で自ら土地を買い取る機能をもっている。
31）　兵庫県の調べ（1999年度）では県下88市町のうち26市町が景観形成等を目的とした町並み保存のための何らかの助成措置を定めている。
32）　出石町都市整備課の町並み保存担当で，出石町城下町を活かす会の会員でもある天野良昭氏と龍野市都市建設部町並み対策室の盛田賢孝氏の談（1995.11）
33）　兵庫県都市景観問題懇話会（1988）p. 31
34）　鳥越（1994）は「自治会の特定機能のうちそれが当該地区で非常に重要になると自治会から飛び出して新しい機能集団を形成するが，それがさほど重要でなくなると再び元の自治会に戻ってその一機能となる」という自治会と地縁的機能集団の関係を指摘しそれを「オヤコの原則」と呼ぶ（pp. 30-31）。
35）　倉田（1994）pp. 200-201
36）　新川（1996）p. 126
37）　1998年12月１日から「特定非営利活動促進法（NPO法）」が施行された。要求基準を充たせば法人格を取得できるが，同時に活動に関する情報公開が義務づけられる。

参考文献

植野和文「交流型ライフスタイルのモデル化に関する一考察」『計画行政』第18巻第２号（通巻43号），1995年
─────「自治会と公益活動の関わり─その実態と可能性」『生活経済学研究』第12巻，1996年
─────「歴史的な町並みの保存と民間非営利組織の役割」『生活経済学研究』第13巻，1998年
─────「地域問題の構造と交流論の試論的展開」『神戸商科大学研究年報』第29号，1999年
大谷信介「空間秩序と都市計画のプロブレマテイック」駒井　洋編『自己実現社会』有斐閣，1987年
大森　彌「続・自治体行政学入門─第62講」『自治実務セミナー』31-5，1992年

岡崎篤行「これからの都市計画と歴史的遺産の保存・再生」大河直躬編『歴史的遺産の保存・活用とまちづくり』学芸出版社，1997年
清原慶子「地域メディアの機能と展開」竹内郁郎・田村紀雄編著『地域メディア』日本評論社，1992年
栗原　裕・河本仲聖訳『メディア論―人間拡張の諸相』みすず書房，1987年 (Mcluhan, M., *Understanding Media: the Extensions of Man*, McGraw-Hill, New York, 1964)
倉沢　進「都市的生活様式論序説」鈴木　広・倉沢　進・秋本津郎編著『都市化の社会学原理』ミネルヴァ書房，1987年
倉田和四生『都市コミュニティ論』法律文化社，1994年
黒田由彦「序章地域共同管理論の射程」中田　実・板倉達文・黒田由彦編著『地域共同管理の現在』東信堂，1998年
国土庁計画・調整局編『国土審議会調査部会四全総総合的点検調査部会報告』大蔵省印刷局，1994年，p. 28
─────『第四次全国総合開発計画総合的点検中間報告』大蔵省印刷局，1993年
─────『交流人口―新たな地域政策』大蔵省印刷局，1994年
─────『交流人口―地域を見つめる新たな視点』大蔵省印刷局，1995年，p. 1
Ｌ・Ｍ・サラモン，入山　映訳『米国の「非営利セクター」入門』ダイヤモンド社，1994年，p. 26
新川達郎「住民参加から住民協働へ」小笠原浩一編『地域空洞化時代における行政とボランティア』中央法規出版，1996年
鳥越皓之『地域自治会の研究』ミネルヴァ書房，1994年
㈶21世紀ひょうご創造協会『交流社会における新しい地域づくりに関する研究』1994年，p. 115
─────「地域づくりと自治会活動に関するアンケート調査」『地域社会における民間非営利組織（NPO）の役割と可能性』1995年a
─────「ボランティア活動等に関する住民意識調査」『地域社会における民間非営利組織（NPO）の役割と可能性』1995年b
─────「歴史的な町並みの保存と民間非営利団体の役割」『福祉時代の地域社会貢献と文化・芸術支援に関する社会経済学的研究』1996年
似田貝香門（森岡清美・塩原　勉・本間康平代表編集）『新社会学辞典』有斐閣，1993年
─────「現代社会の地域集団」青井和夫監修／蓮見音彦編集『地域社会学』サイエンス社，1995年

林　進「コミュニケーションと人間社会」林　進編著『コミュニケーション論』有斐閣，1990年，pp. 5-6

兵庫県都市景観問題懇話会「'見る'景観と'生きる'景観」鳴海邦碩編『景観からのまちづくり』学芸出版社，1988年

三隅一人「都市における地域共有物の制御」鈴木　広編著『現代都市を解読する』ミネルヴァ書房，1992年

森岡清志「都市的ライフスタイルの展開とコミュニティ」蓮見音彦・奥田道大編『21世紀日本のネオ・コミュニティ』東京大学出版会，1993年

6

景観保全における観光および
トラスト手法の意義とその役割

1. はじめに

　今日，自然環境や町並み保全に関する関心が高まっているが，これは，高度成長期を境として身近な景観や自然が急速に失われていったため，これらを保全することの意義が人びとの間に浸透してきているからであろう。ここでは，自然景観や町並みの保全といった観点に焦点を当て，景観保全に関する制度について概観し，その課題等について論じる。また，ナショナル・トラスト等の保全活動について分類を行い，これらの市民活動やNPOの活動がどのような意義と可能性をもつのかについて考察する。さらに，近年町並みなどの歴史的資源を観光資源として活用するケースが増えているが，景観保全には経済的インセンティブを内在化させることも必要であり，ここでは，観光化が景観にもたらす意義についても併せて考察することとする[1]。

2. 自然景観及び町並み保全に当たっての基準とその分類

1　町並み

　わが国において，町並みという言葉が登場するのは1960年代頃からだといわれる。また，60年代中頃からの経済成長に伴う開発の進行と急激な社会生活の変化により，日本人が住み慣れた伝統的居住環境が面的に破壊され，失

われつつあった。このような現状が町並み保全の機運を高めたといえる。町並みは，面的なものであり，保護の対象も景観が中心であるが[2]，ここでは町並みを構成する民家等の建築物の保存基準について考えたい。

　第1にあげられるのは，文化財として価値のあるものである。これについては，わが国においてもその歴史は比較的古く，神社仏閣を中心に文化財保護法によって保護がなされてきた。また，1975年には，伝統的建造物群保存地区の制度が，さらに，1996年には，登録文化財制度がつけ加わっている。

　第2は，建築技術として価値のあるものである。技術的に優秀なものは，文化財の指定基準の一要素ではあるが，文化財としての価値は定まっていないが，建築家等によって保全活動がなされてきた近代建築物や構築物の多くについて当てはまるといえよう。

　第3は，歴史上の人物の住んでいた家屋など，固有のエピソード等を含んだものの保全である。これについては，掘り割りなどの，その地域のかつての生産活動や生活の名残としての建築構造物も含まれよう[3]。

　第4は，戦後の高度成長期を通じて急速に失われた民家や農村風景など，地域住民にとっての原風景といったものである。これらの中には，法令による指定には至らないものの，地域住民にとっては思い入れのある建築物や身近な風景というものが存在するものと思われる。

2　自然景観

　自然景観に関しては，基本的には，人びとがそこに居住しているわけではない点が町並み保全との違いを生じさせる。

　その保存基準としては，第1に，文化財としての価値であり，例えば，原生林やブナ林などを天然記念物として指定するようなケースである。これらは，景観そのものが直接の保護対象となっているわけではないが，これらの自然の保護は間接的に景観にも寄与するものである。第2は，自然や緑地を開発から守るという視点に立つもので，具体的には，自然公園法による国立公園や県立自然公園，また，都市計画区域内における都市緑地保全法による

緑地保全地区などが該当する。第3は，農村景観や里山などの身近な自然を保全する場合である。都市緑地保全地区の指定が全国的にみて余りなされていないこと，また，自然公園法による規制もそれほど厳格に適用されていないことなどから，都市近郊の自然環境の保全のために，後述するトラスト的手法による土地の買い取りなどがしばしば行われている。

3．保全手法の種類とコスト負担

1　保全手法の種類

景観保全に関してはさまざまな手法が考えられるが，間接的なものも含めると，一般に次のような点にまとめることが可能である[4]。

① 土地利用規制手法

土地の利用を規制する手法であり，具体的には，都市計画法，建築基準法，古都保存法，自然公園法，自然環境保全法など多くの法律の中で規定されている。また，自治体の条例でも景観条例をはじめとしてこの規制的手法が取られている。

② 事業手法

事業を行うことによって保全を行う手法である。例えば，自然公園法の公園事業制度による修景や植生復元などの事業であり，これらにより景観等の保全に寄与することが図られる。また，町並み保全型では，近年街なみ環境整備事業などにより，道路の美装化，街灯の設置などが行われることが多いが，これらもこの手法のひとつである。

③ 買い上げ，管理契約手法

土地を買い上げて所有権に基づいて管理する手法であり，ここではトラスト的手法と呼ぶこととする。また，所有者が土地や建物を保全すれば補助金（管理費）を交付するといった契約手法が現在かなり活用されている[5]。

④ 計画的・管理的手法

各種の手段を目標に合わせて整合的に活用する手法である。つまり，環境

破壊が起きたときに対症療法的に対応するのではなく,将来を志向して環境を管理するという観点に立つものであり,具体的には,自然公園法による公園計画や環境基本法による環境基本計画などがあげられる。さらに,事業が環境に与える影響を事前に評価して事業を行うかどうかを決定し,行う場合に環境への悪影響を最小限にするための手法として1997年に制定された環境影響評価法による環境影響評価がある。

⑤ 経済的インセンティブ手法

規制的手法が効果を上げなければいきなり買い取り的手法が検討されることが多いが,景観保全全体を制度的に考えた場合,アメリカで行われているTDR (transferable development right)[6]のような経済的インセンティブ手法がさらに検討されるべきであろう。つまり,景観を保全した人にはボーナスを与えるような手法である。ただ,このような政策を採る場合には,ムチが厳しくなければ人びとはアメをなめようとは思わないのであり,一定の規制と併せてこの方法が採られる必要がある。

また,広義に考えると,観光化による歴史的町並みの保全などもこの範囲の中に入れて考えることができる。つまり,とくに,飲食店,土産物屋,旅館など,観光関連事業者にとっては,建物の景観を保全することが経済的なメリットに直接的に結びつくからである。

⑥ 啓発手法

啓発手法は,規制手法が機能しない領域などで多く使われている。大気汚染に対するノーマイカーデーなどがこの手法の典型である。しかし,この手法は,善良な人しか協力しないという欠点をもつことはいうまでもない。

ただ,町並み保全の場合は,そこに人びとの営みがあることが前提となり,地域の文化の保全という意味合いが強く含まれている。事実,各地の状況を見ていると,伝統的祭りなどを通じた地域住民の結束の堅さが町並み保全活動に大きく寄与している場合が多い。このため,文化を保全することを教育したり啓発したりすることの意義は評価すべきであろう。

⑦ 行政指導手法

わが国において行政指導は一般的に多く行われているが，環境行政においては，規制権限を背景としてそれを緩やかに執行する行政指導が多いといわれる[7]。

2 コストとその負担

景観を保全するには一定のコストが伴うが，問題は，結局誰がどのような形でそれを負担するのかということである。この点に関してまとめると，第1は，広く一般国民から強制的に負担してもらう方法であり，税による負担ということになる。伝統的建造物群保存地区や景観形成地区に対する建て替え等の補助金はこれに該当する。この場合は，国の財源で行うように広く一般国民が負担する場合と，自治体の財源で行うように，その町並みが存在する自治体住民が負担する場合に分かれる。第2は，利用者負担であり，観光客や来訪者など，景観を享受する人びとに負担してもらう方法である。これは，具体的には，入場料を課す場合，施設などに募金箱を設置して寄付金を募る場合などが考えられる。第3は，国民の共感に訴えるものであり，ナショナル・トラスト運動に対する寄付金などは，この例に該当する。第4は，伝統的な町並みに居住する人びと自身に負担を課す場合であり，純粋な場合は土地利用規制のみを行い，建て替え助成などは，一切行わない場合がこれに該当するだろうが，補助金の割合が少なければ，この形態に近くなる。また，観光関連事業者の場合は，その"景観"によって事業が成り立っている側面もあり，これらの人びとの負担に着目すれば，受益者負担ということになる。

景観は，価値観の反映するものであり，保全の程度や対象も地域や住民の保全に対する考え方によって大きく異なるものと考えられる。このため，規制的手法には必ずしもなじまない面も多く，市民の価値観が反映されるトラストのような多元的手法が模索されるべきものと考える。さらに，経済的インセンティブ手法も今後検討の余地が大きいと考える。また，"負担"という

側面からは，景観によって利益を受ける観光客や観光事業者からの寄与を考える必要があろう。

これらの点から，本章では，景観保全における観光とトラスト手法を取り上げ，以下では考察することとしたい。

4．観光による景観保全の意義

1　保全と観光の関係

景観保全と観光との関係は，保全サイドから見た考え方と観光サイドから見た考え方では異なる。観光サイドからは，町並みや景観は集客のために活用されるべき"資源"ということになるが，保全サイドからは，"観光"という言葉はどちらかというとマイナスのイメージとして捉えられていることが多い。ただ，後述するようなメリットから保全のために観光を活用する事例が近年増加している。また，保全サイドから見ると，観光化は，保全資産を広く一般に公開するといった問題であり，一般に"活用"という言葉が使われている。文化財保護法では，文化財の"公開"という言葉が使われており，自治体が取得した文化財などが公開されているケースが多い[8]。

2　観光化のメリット

景観保全の観点から見た観光化のメリットについては，次のような点が考えられる。

第1は，過疎化が進み，生活を維持する手段がなくなりつつある地域にとっては，観光化は背に腹をかええられない問題として捉えられるという点である。歴史的資源を保全し，それを観光化することによって，旅館，土産物屋，飲食店等の観光事業者は生活の糧を得ることができる。

第2は，観光によって多くの来訪者を呼び，町並み等を見てもらうことにより，その地域の景観保全に対する一般の理解を得ることができる可能性がある点である。また，近年のエコ・ツーリズムなどには環境教育といった視

点が含まれているといえよう。

　第3は，観光関連事業者の場合には，景観保全を行うことにより，売り上げの増加等，自らの経済的メリットにつながるため，補修等に対するインセンティブが一般の居住者よりも高い点である。補修に対する補助などは，文化財や伝統的建造物群保存地区，景観条例の景観形成地区で行われているが，負担を十分にまかなうには至っていないのが現状である。このため，保全が何らかの経済的メリットにつながることも必要であり，観光化はこのような視点を含んでいるといえよう。

　第4は，観光で得た収入を保全資金に回せる可能性があるという点である。例えば，岐阜県の白川郷では，合掌集落の茅葺き屋根を維持するには通常の場合と比べて相当の費用がかかり，各種の補助を得たとしても，非観光事業者にとって大きな負担となっている。そこで，財団法人をつくり，観光客の駐車料の半分を財団がもつ景観基金に組み入れ，それを原資として，非観光事業者に上乗せ助成を行っている。

　第5には，観光化により，全国から注目されるに至って，地域の住民が自分たちの有する文化や町並みに対して誇りをもち，さらなる保全活動に活かせる可能性があるという点も考えられる。

3　観光化の課題

　逆に，景観保全にとって観光化は，いくつかの問題点を発生させる。

　第1は，居住者との関係である。通常の居住者にとっては，上記のような観光化のメリットがあったとしても，住宅地としての環境が阻害されることは避けがたい。これは，もともとそこが住宅地であり，古い町並みが脚光を浴びて観光化が進んだ地域でとくに見られる。例えば，神戸市北野地区は，明治の開港によって多くの外国人がその地区に居住し，西洋風の建築物が多く存在する地域であるが，かつては静かな住宅地であった。ところが，1977年にNHKが連続ドラマでこの地を取り上げたのがきっかけとなり，大々的な観光ブームが巻き起こった。この結果，観光客が居住者の庭に入り

込んだり，家の中を覗くといった事態などが発生した。

　さらに，自然景観の場合には，多くの観光客が訪れることによって自然が破壊される危険性が高いことが指摘できる。

　第2は，観光化に成功すると，観光関連事業者の発言力が強まる点である。町並み保全は，開発へのアンチテーゼとして住民活動から起こることが多い。しかし，ひとたび観光地として成功し，多くの観光客が訪れ出すと，観光関連事業者の数も増してくる。その中には，地域内の人の転職もあるが，地域外から移り住んで開業する人も出てくる。このような人びとが多数を占めだすと，保全と観光の関係が逆転する傾向がある。つまり，保全資産の活用として観光を考えていたのが，観光のための観光に目的が転化してしまうことである。そこでは，短期的利益をねらった事業者の行動が全面に出てしまい，地域の文化や景観が損なわれる危険性がある[9]。

　第3は，保全のために観光を考えるといっても，集客を見込むためには，資源のグレードやまとまり，そして，交通アクセスの利便性が必要である。観光の収益を保全に回すなどということは，ある程度の来訪者が必要であ

表6-1　属性別に見た観光と保全の関係

属　　性	観光から見た側面	保全から見た側面
資源 （町並み，自然）	・集客のための資源	・保護すべき客体
公開の意義	・集客への寄与	・教育的意義 ・保全や保全運動への理解
観光収入の意義	・目的 ・事業の継続 ・地域の活性化	・手段 ・保全に対する利用者負担 ・過疎化の防止 ・生業の確保 ・事業者にとっての保全へのインセンティブ
観光化の課題	・混雑等による観光地としての魅力の減少	・景観の阻害 ・自然の破壊 ・居住者への生活侵害 ・地域文化の破壊

り，そうでなければ，施設の公開とその運営のコストを考えると費用倒れになり，かえって赤字を抱えるということになりかねない。その意味からは，町並みや自然景観を観光に活かすには，一定の限界があり，他地域と比較した資源の優位性を確認するなど，地域としてのしっかりとしたマーケティング戦略が求められる。

5．トラスト手法の意義とその条件

1　トラスト手法の意義

　ここでは，土地を買い取ることを中心とする保全手法に関して，その意義等に関して述べることとし，最初に，トラスト的手法が必要な局面について考えたい。

　第1は，法制度上からの保全すべき手段がない場合である。例えば，文化財や全国的基準から見た自然としては，十分な価値が認められないものの，地元住民等が保全したい建物や都市近郊の身近な自然景観などが考えられよう[10]。また，伝統的建造物群保存地区などに隣接し，その景観が伝統的建造物群保存地区の景観を維持するうえで重要な役割を果たしている景観もその対象となる[11]。

　第2は，法制度上の指定等の可能性はあっても，地元住民の合意などの利害調整が必要で，時間的ゆとりがない場合などである。例えば，建物が開発業者の手に渡り，開発許可が下りようとしているとか，取り壊しの計画が実行されようとしているとか緊急を要する場合などが想定できる。

　第3は，保全運動やまちづくり運動としての象徴的意味がある場合である。例えば，町並みなどのコアとなる建物を買い取ったり，立木トラストなどのように保全したい山林の一部を買い取ることは，開発全体を抑止する方向にもっていく意味が認められよう。

　第4は，建物だけではなく，その建物にまつわる歴史上のエピソードまでを残したいといった場合である。具体的には，歴史上の人物の生家をその人

の生前の様子も含めて保存したいといった場合などは，土地利用の規制だけでは対応できず，文化財の保護によっても不十分な点があると思われる。このような場合には，所有権を取得して保存する方法が最も有効であろう。

　第5は，経済活動の中でなくなってしまう運命にある建物を保全するような場合である。例えば，過疎化が進行し所有者が不在となることによって廃屋化が進んだ場合などは，土地利用規制だけでは十分な対応ができない。このようなケースに対応するには，何らかの形で管理する人を選定するか買い上げてしまうしかない[12]。

　第6は，自然景観などで原風景をそのままの状態で保全したいような場合である。具体的には，樹木の伐採，建物の建設などを禁止することであるが，現行法制では，現状変更をまったく許さないような規制はきわめて少なく，これに対応するには所有権を取得するしかないであろう。

　以上，買い取り手法がとられる背景について述べてきたが，町並み保全の場合は，町並み全体を買い上げることはその範囲が大きいため，費用の面から事実上不可能である。また，仮に町並み全体を買い上げてしまえば，それは人間の営みがそこに存在しない"野外博物館"となってしまう危険性がある。また，それを管理するためのコストも莫大なものとなり，現実的とはいえない。

　このため，地区全体を買い上げて保全する方法は自然景観の場合がほとんどであり，町並みの場合は，単体としての建物を買い上げて一般に公開するといった方法が中心となる。

2　英国ナショナル・トラストとその戦略

　ここでは，ナショナル・トラストの先進国である，イギリスの状況を見ることとする。イギリスのナショナル・トラストは，1895年に設立された団体であり，当時のイギリスの開発や工業化を憂慮し，危険にさらされた田園地帯や建造物を取得し保護するための団体として設立された。そして，現在，イングランド，ウェールズそして北アイルランドに27万ヘクタールを超える

田園地帯と920キロメートルの自然海岸線，300カ所以上の建造物や庭園を資産として保全している。保全の手段としては，所有権の取得，賃借，保全誓約，協定の方法によっている。

小さな組織から始まったイギリスのナショナル・トラストがこれほど発展した背景には，団体への寄付金に対する免税措置，贈与・遺贈者への相続税の免除，さらに，保全資産の強制執行からの除外，などの措置があった。さらに，イギリスのナショナル・トラスト法では，1907年に保有財産に対する入場料の徴収権などを付与したが，これは，資産の管理・保存，公開に多大の費用がかかるからであり，ナショナル・トラストは，入場料収入を管理運営費に充当している[13]。

会員数は，1970年に25万人であったものが，1998年末には255万人となり，過去30年間に飛躍的に増加しているが，その背景にあるのは，環境問題が世界的に注目されるようになったことと，文化観光の機運が高まってきたためといわれる[14]。しかし，これほどの会員数増加の最大の要因は，ナショナル・トラストがとっている会員の保護資産への無料入場資格のためであり，その意味では，会員の性格がかつてとは変わってきているといわれる[15]。ただし，こういった層が会員となるには，所有する資産が優れていることと，その数が一定規模以上であることが必要であり，当団体はある程度の集客性が見込める国民的価値のある資産を慎重に選定している。

また，ナショナル・トラストでは，観光（「保全資産の公開」という言葉で表している）に関するマーケティングセクションを設け，旅行業者とタイアップし，広く観光客の受け入れを行っている。ただし，自然資産の場合は季節によって入場を制限したり，歴史的な資産の場合でも，大勢で人が押し寄せないように入場を制限するなど，オーバーユースや地域社会への負荷には気を使っている[16]。

イギリスのナショナル・トラストは，成功した団体であるが，その要因としては，①ナショナル・トラスト法により法制度上有利な地位を与えられていること，②ある程度話題性と集客性のある国民的資産を保全しており，寄

付，会費，入場料から運営費の多くをまかなっていること，③保全資産のプロモーション活動などに優れており，その背景としてしっかりしたマーケティング部門を組織内に確保していること，などがあげられる。

ただし，当団体は，あくまでも買い取り手法が中心であり，建造物の場合は，城や貴族の館など単体の建物の買い取りを行っているのであり，町並み全体の保全を対象としているわけではない。

3 わが国におけるトラスト手法の分類とその役割

自然環境の保全に関しては，わが国においては，80団体（1992年3月環境庁調べ）が活動している。また，歴史的環境の保全も含めたナショナル・トラスト団体で，㈳日本ナショナル・トラスト協会に加入している団体は33団体（2005年4月時点）となっている[17]。

また，トラスト団体への寄付金に対する免税などの税制上の措置は，1985年の税制改正で，特定公益増進法人の中に自然環境保全法人（ナショナル・トラスト法人）の項目が付け加えられた。ただし，①保存の対象となる自然環境は，法律等[18]による指定地域に限られること，②自然環境の保全および活用に関する業務について，国または地方公共団体の出資，助成または委託を受けていること[19]など，その要件は厳しい。このため，土地の買い取りを活動内容に含む団体で認定を受けているものは，わずかに，㈶天神崎の自然を大切にする会，㈶小清水自然と語る会，㈶大阪みどりのトラスト協会の3団体のみとなっている。さらに，歴史的景観などを保全する団体については，自然環境保全法人のような制度がない[20]。このため，㈳日本ナショナル・トラスト協会では，これらの団体にも税の優遇措置を認めるように運動を行っている。

ここでは，トラスト活動をその団体の性格に応じて，行政主導型，市民主導型，そして，両者の中間にあるものとしての混合型に分けて分析を行うこととする[21]。

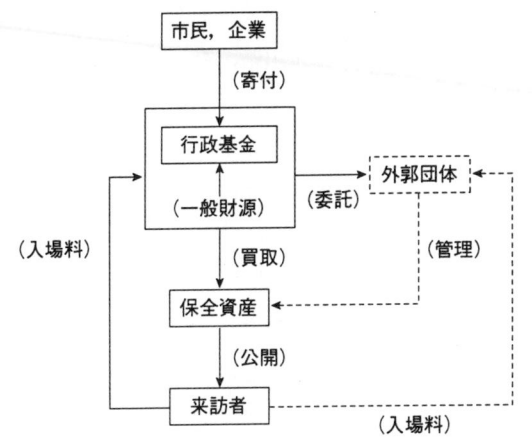

図6-1 トラスト手法の類型（行政主導型）

(1) 行政主導型

　行政主導型の場合，通常よく取られるのは，図6-1のように，行政が基金を設け，一般市民や企業から寄付を募り，一般財源からの繰り入れを含めたその基金を使って保護すべき資産を買い取る方法である。また，この場合，行政が財団法人などの外郭団体に保全資産の管理を委託するといったパターンが多い。さらに，保全資産を公開し，入場料収入を得る場合には，その収入は，行政の一般財源に繰り入れられるケースが一般的である。

　行政が主体となって土地等を買い取ることについては，後述するように，税制上のメリットが最も大きいこと，などによって，実際にはよく行われている。また，行政内に買い取りのための基金を設ける場合と基金を設けず一般財源からのみ拠出する場合とがあるが，ここでは保護資産の管理のパターンに分けて考察すると次の通りとなる。

　第1は，一般から寄付を得て買い取り，行政自身が管理する場合である。この事例としては，知床の100平方メートル運動が最も有名であり，運動開始後20年間で5億円余りの寄付金を全国から集めている。

　第2は，行政所有物件の管理・運営を行政の外郭団体等に委託するケースである。町並み保全型では，重要文化財等を自治体が買い取り，一般に公開

するケースが考えられるが，事例としては全国に多く見られる。また，自然環境の保全の場合は，大阪府，神奈川県，埼玉県などの都市化の圧力が強い大都市の郊外地域で行政が基金を設置して土地を買い取り，買い取った土地をその外郭団体である財団法人が管理している[22]。また，神奈川県では，県下の自治体の自主性を尊重し，各自治体の買い取りに際して，県の財団からの助成を行っている。

　第3は，当該地区の地元の住民団体に運営を委ねるケースである。これは，自治会館やコミュニティ施設の運営を自治会などに委ねるケースと同様であるが[23]，地元の住民が参画することにより，きめの細かな運営が期待できる面がある。また，これらの場合には，町並み保全運動の拠点，つまり，ヘリテージセンター的な利用と運営がなされており，このような方式は今後広まっていくのではないかと思われる[24]。

　以上のケースのメリットとしては，①行政に対する寄付であるから，寄付者は寄付金を全額損金算入できること[25]，②行政基金は条例で設置しなければならないが，基金の目的にあった使途にしか使えないので，寄付者の意図にあった使われ方がされること，③基金には行政の一般財源からの繰り入れがなされるケースが通常であり，現実問題としてわが国のように，地価が高く多額の資金を要する土地の買い取りには，有効な方法だといえること，④土地を寄付する場合，譲渡税の軽減など，土地を提供する側にとっての優遇措置が強いこと[26]，⑤土地を取得・維持するための不動産取得税，固定資産税等がすべて非課税であること[27]，などがあげられる。

　逆に，課題としては，第1に，保全のための買い取り資金の支出に際しては予算として計上し，議会の議決を経ることになるので，NPOのもつような多元的・先駆的保全に使えるとは限らないこと[28]，つまり，あくまでも行政目的にあった保全であり，行政原理の反映された保全活動の範囲を出るものではないという点である。第2に，保全資産は行政財産であるため，その資産を公開し，来訪者から入場料等を徴収したとしても，それは一般財源に繰り入れられることが多く，直接的に保全活動に回していないケースが多い

ことである[29]。この点,来訪者の負担が,その資産の保全に使われる関係を明示するシステムを構築すべきではないかと考える。例えば,先述した世界遺産である白川郷では,駐車場料金の半分を世界遺産集落保存協力金として保存基金に繰り入れることを明示している。

また,固定資産税等との関係から,住民が買い取った土地等を行政に寄付する,あるいは,買い取ってもらう方法もとられることが多いが,この方法では,必ずしも運動体の描く保全措置がとられる保障がない。例えば,柿田川の保全事例[30]などのように,行政と保全運動主体との間で多くの軋轢を発生させることがある。これは,行政の場合には,選挙で選ばれた首長と議会によって保全の方向が決定されるからであり,運動体と決定の方向が異なってくることは当然考えられることである。

(2) 混合型

(1)は,管理主体がさまざまであっても,買い取り自身は行政が行うケースであるが,混合型は,行政と民間が協力して設立した官民協働型の組織が不動産を買い取り,自ら運営するケースである。この場合は,所有権が行政財産とならないから,先述したように,現在のわが国の税制度ではその優遇措置は弱いものとならざるを得ない。

事例としては,長野県南木曽町妻籠地区の例があげられる。当地区では,1968年から住民による保存運動が展開され,1983年には官民の共同出資により㈶妻籠を愛する会が発足した。現在,会では地区内の建物について保全契約を結んでいるほか,地区の景観を維持するため周辺の山林を取得している。また,同団体は,町当局と緊密な連携をとりながら保全活動を行っている。

さらに,全国規模で活動しているナショナル・トラスト団体として㈶日本ナショナル・トラストがあるが,本団体は1968年に㈶観光資源保護財団として発足し,その後名称を変更し,1984年には特定公益増進法人の資格を得た。特定公益増進法人資格取得後,寄付金を集めたりして,英国型ナショナル・トラストのような保護事業に積極的に乗り出している[31]。

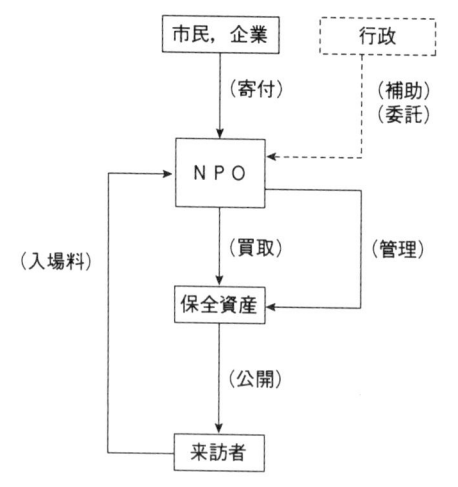

図6-2　トラスト手法の類型（市民主導型）

(3) 市民主導型

　市民主導型の団体の場合は，開発からの保全を目的として地元の有志が立ち上がる形で運動が始まっているケースが多いが，手法としては図6-2のように，団体自身が寄付を受け，買い取りを行う。また，資産公開によって来訪者等から入場料を取った場合は，それが保全事業に回されることになる。さらに，運動体の活動が維持され，社会的認知を得るに従って，自治体からの補助や委託がなされることが実際には多い。

　組織形態に着目した分類を行うと，第1は，任意団体の場合であるが，不動産を取得するに際して任意団体のままでは，代表者個人名で登記するほかなく，トラスト団体としてはふさわしくない形態である。ただ，現在法人格を有している多くの団体も初めから法人格をもっていたわけではなく，トラスト組織としては過渡的な形態といえよう。

　第2は，公益法人型である。法人型トラスト団体イコール公益法人というわけではないが，営利法人形態では，寄付金集めなどに際して一般の理解を得ることが困難であるし，税制上の扱いも不利なので，財団法人などの民法上の公益法人格が通常取られている。また，公益法人型は，特定公益増進法

人型と一般型に分けることができる。特定公益増進法人型は，自然環境の保全の場合は，上述の「自然環境保全法人」と呼ばれ，寄付金に対する優遇措置が認められる。また，町並み保全型の場合は，㈶日本ナショナル・トラスト協会の例があげられる。

　第3は，NPO法人による場合である。公益法人と比べて税制上の優遇措置は弱いが，比較的簡便な法人格として取得事例が出てきている[32]。

　これらの方式のメリットは，第1に，NPOとしての先駆的，多元的活動を可能にする点である。また，景観全体が価値観に左右されるものである限り，地域住民や市民の自主性に委ねる必然性は高いといえよう。第2に，運動体としての意義である。このような団体の活動がマスコミ等に取り上げられることにより，環境保全の重要性を国民に認識させる役割を担ってきたし，法制度の矛盾を指摘し，制度改革の先導役を務めた事例は多い[33]。第3に，文化財や建築上の価値がそれほど認められないが，地元の人びとにとって保全したいといった場合のように，法制度に必ずしもなじまないようなケースにおいて意義が認められる。

　逆に，課題として最も大きなものは，税制度上の問題である。このような組織が事業を行っていくためには，少なくとも寄付金に対する免税が認められる必要がある。イギリスのナショナル・トラスト活動を見ても，法制度の整備が活動の成長に大きく寄与したことは先述したとおりである。2001年の税制改正によりNPO法人にも寄付金に対する免税制度が導入された（認定特定非営利活動法人）が，要件が厳しいためトラスト団体でこの資格を得ているのは，現在のところNPO法人霧多布湿原トラストのみである。また，例えば，イギリスのナショナル・トラストでは，贈与税，相続税の免除，保全資産の強制執行からの除外，などの措置があって大幅な発展が始まった経緯があり，寄付免税措置に加えてこれらの制度を併せて整備していく必要がある。第2に，こういった制度上の不備から，活動の継続性が困難であるという点である。これらの団体は，いきおい関係者の情熱と持ち出しに頼るということになり，永続性という観点からは現状では課題が多い。

6. おわりに

本章では，町並みや自然景観の保全に関して，さまざまな手法を比較しながら，トラスト手法の現状と課題，そして観光の果たす役割について論じてきた。

わが国におけるナショナル・トラスト型の保全活動は，課題の多い土地所有制度の中で，市民がやむにやまれぬ手段として発展させてきたという色彩が強いように思われる。今後は，土地利用規制を前提としつつも，そこに至る自治体の権限強化が必要である。さらに，そのような手法をもってしても，守りきれない歴史，エピソード，景観，等々の事象については，民間によるナショナル・トラスト手法の本来の役割があるというべきだろう。

また，保全は，所有者や居住者といった特定の人びとの犠牲のうえに行われるべきではなく，経済的なインセンティブ手法を導入し，景観保全に協力した人びとが経済的メリットを受けられる制度を構築する必要があろう。

その中で，観光化は，地域経済の活性化と定住化への寄与，保全への経済的インセンティブの内包など，現実問題として保全を続けながら地域社会が発展する手段として有効活用されるべきである。また，観光化には，さまざまな"落とし穴"があるのであり，観光を景観保全のために有効に位置づけていくためには，地域社会が主体性をもつと同時に，持続的な発展をめざすシステムを地域社会の中に組み込んでいくことが必要であろう。

注
1） 本章は，拙稿「町並み保全と観光に関する一考察」『神戸大学経済経営研究年報』（第49号，1999），および「景観保全における市民及びNPOの役割に関する研究」『文化経済学』（第2巻第1号，2000）の一部を加筆修正したものである。
2） 中村（1999）pp. 158-159
3） 重要文化財では家屋の内部までも保全対象となるが，伝統的建造物群保存

地区では，一般的に建物内部は保全の対象とならない。また，イギリスのナショナル・トラスト法では，1937年の法改正によりナショナル・トラストが保全すべきものとして，家具，絵画及び国家的，歴史的，芸術的に重要なあらゆる動産が付け加えられた（西村，1997，p. 50）。
4) 阿部（1998）pp. 49-57
5) 契約手法については，契約期限が過ぎたら開発されてしまったり，所有者は，当分の間開発しない場合にのみ現実には協定に応ずるのであるから，これによって開発が完全に阻止できるものではない（阿部，1998，p. 52）。
6) ある土地に許容されているが実現されていない床面積をその土地の所有権から切り離された固有の権利，すなわち開発権と考えて，それを他の土地に移転することができるというもの（西村，1997，p. 113）。
7) 阿部（1998）p. 57
8) 中村（1999），pp. 75-76
9) 観光地として大成功を収めた大分県の湯布院でも近年このような問題が顕在化しているという（岡部，1999，pp. 38-45）。
10) 例えば，和歌山県田辺市の天神崎においても，自然公園法の第2種及び第3種特別地域で規制が弱かったため，市民による土地の買い取り運動が起こった。
11) 例えば，長野県南木曽町妻籠宿では，住民団体である㈶妻籠を愛する会が，伝統的建造物群保存地区周辺の山林1400㎡を景観を維持するために買い取っている。
12) 文化財保護法では，重要文化財について，このようなケースでは管理団体による管理（第32条の2）や買い取り（第46条の2）の規定が置かれているが，伝統的建造物群保存地区の場合は地区内に存在する建物に対してこれらの規定の適用はない。
13) 木原（1998），p. 52
14) 木原（1998），p. 49
15) 西村（1997），p. 69
16) 例えば，ビートルズが1950年代に住んでいたアパートを買い取り，1998年から公開しているが，周辺に多くの人が居住しており，観光客が押し寄せることを避けるため，リバプール市内のスピーク・ホール（ナショナル・トラストの保護資産である建物）から予約制でミニバスを運行し，ガイドによる案内を行っている。
17) http://www.ntrust.or.jp/link/link1.html
18) 自然公園法，自然環境保全法，古都保存法，首都圏近郊緑地保全法，近畿圏保全法，明日香村保存法，都市計画法，都市緑地保全法，地方自治体による自然保護条例をさす。

19) 環境庁自然保護局企画調整課長通達『国民環境基金活動にかかる税制上の優遇措置の運用について』(1985年5月1日)。
20) これらに関しては，文化財保護法に規定される文化財，または，古都保存法に規定する歴史的風土の保存および活用に関する業務を行うことを主たる目的とする財団，および社団のみが認定要件となる（所得税法施行令第217条及び法人税法施行令第77条の各3号ヲに規定する法人）。
21) イギリス型のナショナル・トラストに関しては，環境庁が研究会を組織して，ナショナル・トラスト（国民環境基金と命名）の導入を検討したが，わが国の運動は地域色が強く，国民的広がりをもつ環境基金運動としてはまだ初期の段階にあるとして，さしあたり地方公共団体の活動に期待するにとどまり，全国的統一基金の設立，法・税制面での保護・優遇というイギリス型の導入は時期尚早とした経緯がある（阿部，1989，p. 103）。
22) 行政の外郭団体であっても，例えば，㈶大阪みどりのトラスト協会のように，特定公益増進法人の認定を受けている場合は，寄付の相手方に税制上の優遇措置が認められるため，基金を設定するケースがある。同協会では，三草山「ゼフィルスの森トラスト基金」と和泉葛城山ブナ林「ブナの森トラスト基金」を設けている。両者で1999年3月現在9000万円の資金が集まっている。ただし，現在のところ，その基金は買い取り資金としては使われておらず，管理運営資金としてのみ使われている。
23) 公共文化ホール運営への住民参加の長所と課題については，金川（1998）p. 27参照。
24) 近年これらの事例は増加しており，例えば，兵庫県赤穂市坂越地区の坂越まち並み館，などがその例としてあげられる。同館では，その管理運営を地元の住民組織である坂越のまち並みを創る会が市から受託して行っている。
25) 個人の場合は，制限がある。
26) 一定の場合，所得控除と税率の軽減が認められる。
27) 特定公益増進法人である自然環境保全法人の場合は，その市町村が条例を定めた場合にのみ免除，軽減ができるに過ぎない。
28) NPOの先駆性と多元性については，金川（1998）pp. 82-83参照。
29) この点に関して地方自治法が改正され，受託団体が入場料を収受し団体の活動費に繰り入れることが可能となった（1991年に改正された地方自治法244の2第4項の利用料金制度）。
30) 静岡県清水町の柿田川湧水群を保全する市民活動団体である「柿田川自然保護の会」は，地主との交渉を会が行い買収は町が行うという役割分担で当初進められたが，町は，その土地に施設を整備して公園化しようとし，川を自然のまま残そうとする住民団体との間で軋轢を発生させた（㈳日本ナショナル・トラスト協会，1994，p. 18）。

31) 当団体は，自らいくつかのヘリテージセンターを所有し，運営している（奈良県御所市，葛城の道歴史文化館など）。なお，岐阜県吉城郡古川町の「飛騨の匠文化館」のように，当財団が所有しているヘリテージセンターの運営を町の観光協会に委託しているケースもある。
32) 三重県名張市の「赤目の里山を育てる会」が，トラスト団体として1999年4月1日にNPO法人格を取得したのが最初である。
33) 例えば，伝統的建造物群保存地区制度制定のきっかけのひとつとなった長野県南木曽町の妻籠宿を保全する住民運動，古都保存法成立の契機となった鎌倉風致保存会の活動，自然環境保全法人制度のきっかけとなった和歌山県田辺市の天神崎の運動など，多くの事例があげられる。

参考文献

阿部泰隆『国土開発と環境保全』日本評論社，1989年
――――「環境保全の手法」阿部泰隆・淡路剛久編『環境法』有斐閣，1998年
岡部明子「大分県湯布院町日大成功の代償，環境と観光開発の狭間で」『造景』No. 22，建築資料研究社，1999年
金川幸司「公共ホールと市民との関わりから見た芸術文化の振興」『文化経済学』第1巻第1号，1998年
――――「多元的社会システムと市民公益活動」『阪神大震災からの都市再生』中央経済社，1998年
木原啓吉『ナショナル・トラスト（新版）』三省堂，1998年
㈳日本ナショナル・トラスト協会『ナショナル・トラストジャーナル』No. 3，1994年
外山紀郎『天神崎の自然を大切にする運動20周年通年史』㈶天神崎の自然を大切にする会，1995年
中川浩明「地方自治法と公共信託」『ジュリスト』No. 790，1983年
中村賢二郎『文化財保護制度概説』ぎょうせい，1999年
西村幸夫『環境保全と景観創造――これからの都市風景へ向けて』鹿島出版会，1997年

7

市民まちづくり会社の現状と課題

1. はじめに

　地域コミュニティの活性化を担う主体として，近年，新たなまちづくり会社が全国各地に出現しつつある。その活動範囲は多岐にわたるが，市民が直接出資・参加し，組織運営やサービス提供に携わるという点で共通の特徴をもつ。

　こうしたまちづくり会社出現の背景には，市街地の衰退化，空洞化傾向が進み，従来の地域活性化施策が有効な処方箋とならなくなっている状況がある。このため各地域では，地域自らの手で，地域資源を活かした独自の地域活性化策を模索しなければならず，これが市民主導のまちづくり会社設立の動きを加速させることになっている。

　また，市民活動が成熟化する中，市民の間でまちづくりを単に運動として展開するだけでなく，事業として興したいとの意欲が芽生えていることも，各地でのまちづくり会社設立の促進要因となっている。さらに，特定非営利活動促進法案（NPO法案）や中心市街地活性化法案の成立により，まちづくり会社設立への制度的な環境整備が進みつつあることも，相次ぐ出現の理由のひとつに数えることができよう。

　本章では，この現在台頭しつつあるまちづくり会社の事例を見たのち，その特徴や今後の課題について若干の考察を行いたい。

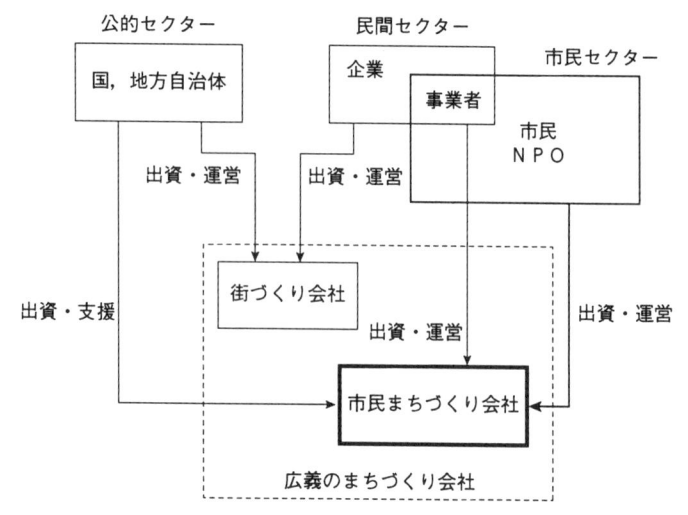

図7-1 市民まちづくり会社の概念図

2．まちづくり会社とは

　まちづくり会社は，これまで一般に商業を中心とする地域コミュニティの活性化に向けたまちづくりの推進主体として理解されてきた。これは主に，まちづくり会社が中小企業庁の商店街整備等支援事業のもと，公共と民間が設立する再開発ビルの管理・運営を担う第3セクターに対する呼称（街づくり会社）として用いられてきたことによる。

　これに対し近年では，市民参加を前提とする組織として再定義されようとしている。例えば，西郷真理子（1996，1997）は，まちづくり会社を「まちづくりの意思をもった（リスクを覚悟した）人びとがイニシアティブをとりつつ」[1]，「市民出資のようなかたちで直接，市民からの投資を受け入れながらまちづくりを展開する組織」[2]と定義している。

　本章でも概ねこうした考え方に従い，まちづくり会社を「地域コミュニティにサービスを提供するため，市民をはじめとする地域コミュニティが出資・設立し，所有・管理・運営する組織」と規定し，従来型のまち（街）づ

くり会社と区別する意味で「市民まちづくり会社」と呼ぶこととしたい。

　この市民まちづくり会社の活動は，市民の主体性に依拠しているものの，専ら市民の手に委ねられているわけではない。その活動の展開にあたっては，市民のほか公的機関，ボランティア団体，中小企業等，地域コミュニティのステークホルダー（利害関係者）すべての参加・協力が期待されている。それらの力の結集体が市民まちづくり会社ともいえる。公共，民間，ボランタリーセクターをひとつに結ぶ存在ともいえよう。

　市民まちづくり会社は，わが国でこれまでNPO法人が認められてこなかったため，株式会社，有限会社形態をとって設立されている。しかし，後述するように，実態としてはNPOに近い活動をしている。今後においては，NPO法人の形態のものも増加していくものと思われる。

3．市民まちづくり会社の事例

　ここでは，市民まちづくり会社の事例として，ストリートの景観保全と商業活性化に取組む㈱トアロードまちづくりコーポレーション，市民・事業者・行政が協働して設立し，集客施設の運営を行っている㈱山湊，総合的な福祉サービスの提供を行おうとしている㈲シー・ディー・シー・神戸，歴史的な街並みを活かしたまちづくりを企画する㈲俥座地域研究所，里山の保全と都市と農村の地域間交流を進める㈲山里文化研究所を取り上げる。

1　㈱トアロードまちづくりコーポレーション[3]（神戸市中央区）

　㈱トアロードまちづくりコーポレーション（以後コーポレーション）は，神戸市中心部を代表するストリートであるトアロードの周辺地区が1997年7月に設立した市民まちづくり会社である。96年1月に結成された「トアロード地区まちづくり協議会」を母体として生まれ，協議会が策定したまちづくり計画や，市と協議会が締結した景観形成市民協定の推進に向け，さまざまな活動を展開している。

コーポレーションは，まちづくり協議会役員を中心に地元商店主，地元企業，地元金融機関等が，それぞれ5万〜300万円を出資し設立した，100％民間出資の法人である（資本金：2000万円，株主：個人30人，法人8社）。その中には，市から協議会に派遣された専門家・コンサルタントも含まれている。設立にあたっては，外部のゼネコン，デベロッパーからも出資の申し出があったが，地域によるコントロールを重視し，出資者は地域の個人，法人に限定された（外部資本の参加は，増資の際再検討するとのこと）。また，他のまちづくり会社のような自治体からの出資については，活動の制約となるため，はじめから考慮しなかったという。

コーポレーションでは，役員会で役員報酬を無給とすることを決議し，利益はまちに再投資する方針を示している。設立趣意書でも，固定収益を確保できる事業活動を展開しつつも，収益は地域活性化に還元する事業に投入し，地域がつねに発展する仕組みを構築することをうたっている。したがって，実質的にはNPOとしての性格をもつといってよい。

また，有限会社ではなく，株式会社としたのは，その活動に土地，建物の取得を掲げているためという。すなわち，地価の高いトアロードにおいて再開発事業を営もうとすれば，ある程度以上の資本力が必要であり，必然的に株式会社形態をとらざるを得なかったのである。

事業分野としては，地域活性化イベントの企画・実施から，土地建物の取得・管理・賃貸や，権利者との共同再建・再開発の企画，都市景観形成に向けた建物・店舗・空間のコーディネートと，まちづくりのハード，ソフト両面にわたる。いわば，企画から管理・運営まで，まち全体のプロデューサーとしての役割が期待されているといえよう。定款をみても，調査研究，コンサルティング業務，商品販売・輸出入，店舗・売店経営，宣伝広告業等があげられており，かなり幅広い事業展開が想定されている。

具体的な事業としては，まず企業ＰＲもかねて，トアロードを紹介したエリアマップを1998年3月に作成した。また，滋賀・長浜の市民まちづくり会社，㈱黒壁の協力を得て，同年7月にはガラスアートショップ「TOR DEC

O」を，また10月には「ギャラリーDECO」をオープンさせた。さらにコーポレーションでは，99年5月に遊休化していたNHK神戸放送局の用地を神戸市の制度を活用して公園として再整備し，カフェトアガーデンを開店させた（公園を協議会が市から借り受け，協議会からの業務委託を受ける形をとった）。このほか，同年7月には，トアロードのコンセプトブックとして『トアロードスタイルブック』の制作も行った。なお，まだ計画・構想段階だが，地ビールの開発や映画ミュージアムの整備なども検討しているとのことである。

コーポレーションの役員の多くは，協議会の幹事も兼務しているが，両者の間では明確な役割分担がなされている。すなわち，協議会はまちの公的な窓口として，行政との折衝にあたるのに対し，コーポレーションはまちづくりの事業推進主体としての役割を担う。

役員の言葉を借りれば，前者は'行政がらみ'の，後者は'収支がらみ'の案件を担当する。しかし，両者が緊密に連携して活動していることには違いない。また，協議会に派遣された専門家が，コーポレーションに出資し，役員に名を連ね，その運営にも指導・助言を行っている。

今後の課題だが，早期にしっかりとした収益事業を軌道に乗せ，寄付に頼らない自立的な経営を実現することが求められている。また，現在は協議会，コーポレーションの活動にあまり加わっていないトアウェストの商店主にも，今後参加を呼びかけていきたいと関係者は述べている。

2　㈱山湊[4]（愛知県新城市）

㈱山湊（さんそう）は，愛知県新城市において地域の文化・歴史を活かした集客と対外PRを目的に設立された市民まちづくり会社である。その名は，かつてこの地が船運と陸運の結節点であり，その繁盛振りが'山湊馬浪'と形容されたことに因んでいる。

山湊の設立は，1994年に始まった商工会支部におけるまちづくり研究会の活動に端を発する。空洞化が進む中心市街地の再生と都市計画道路の計画見

直しを検討する同研究会では，95年に駅舎・駅前周辺の整備や商業集積施設の建設とともにまちづくり会社の設立を提案する。その後，96年に地元住民を交えた協議の場として新城駅周辺まちづくり協議会が設立されると，まちづくり会社の設立が具体的に検討されるようになる。そして，協議会内の出資希望者による準備会の発足を経て，97年7月山湊は創立されるに至った。

設立にあたりユニークだったのは，地域の商工業者だけでなく，広く市民の出資を募ったことである。資本金2000万円のうち，1000万円は市が出資したが，残りの1000万円については，1口10万円（2株）で市民株主100人を公募した。その結果，事業活動地域である中心市街地以外からの出資が約半分に達し，商工業者以外にサラリーマン，公務員等の出資者が約40％を占めるに至った。市役所の職員も個人の立場で参加している。

行政が山湊に市民の出資を仰ぐことを認めたのは，市民が義務と責任を負うことで駅前再開発を真剣に検討して欲しいとの考えがあったからだという。一方事業者側でも，山湊を通して市民が市政に対するチェック機能を働かすことができるとの理由から，市民出資を歓迎したとのことである。

山湊とその母体となったまちづくり協議会の関係については，明確な役割分担がなされている。すなわち，協議会は駅前地域への発信，山湊は新城市民，他地域への発信を担うものと考えられている。あるいは，協議会がまちづくりに関するソフトを構築する存在で，山湊はそれを踏まえて広域的なハード整備を行うものであるとも説明されている。

山湊の活動内容であるが，定款では文化事業，物販事業，飲食事業，観光業務の4つを柱として位置づけている。これまで，藍染め工房を開いたほか，昔ながらの旅籠屋を利用して市民ギャラリーを開設したり，空青果物店を活用して物販売店を運営している。また現在，吟醸酒の頒布会も企画・実施しようとしている。今後については，高齢者向けの買物代行サービスや給食サービス等の実施を希望している。そしてその実現に向けては，市民株主をはじめとする市民ボランティアの参加が欠かせないとしている。

以上山湊の事例をみてきたが，行政の役割についてもふれておきたい。商

工事業者が中心となって会社設立まで動いたのは事実であるが，研究会，協議会の設立を呼びかけたのは，新城市である。また，市では協議会活動に全額補助を出したほか，株式公募に先駆け1000万円の出資を決定している。会社設立の背景に，このような市の適切なリードがあったことは無視しえない。あくまでも三位一体の活動において成立した組織として山湊は存在するといえよう。

3　㈲シー・ディー・シー・神戸[5]（神戸市兵庫区）

シー・ディー・シー・神戸（以後CDC神戸）は，神戸市内でも阪神・淡路大震災の被害が最も大きかった兵庫区松本地区で1998年1月に誕生した'募集設立法人'である。トアロードまちづくりコーポレーション同様，震災後に結成されたまちづくり協議会を母体として生まれた。

　CDC神戸は，主に高齢者に対する福祉サービスを行うことを目的としている。これは，松本地区の60％以上の住民が60歳以上の人で占められており，高齢者が安心して暮らせる仕組みづくりがコミュニティの維持・発展にとって最も重要かつ緊急な課題であると考えられたことによる。そして福祉サービスを地域自ら営むことが最も経済的，効果的であるとの地区住民の思いから，会社設立が実現した。

　CDC神戸の資本金は360万円で，株式は1口5万円である。株主は39名で，大半が地元の人びとで占められている。株主は，全員社員でもある。公的主体や民間企業からの出資を仰いでいないのは，地元の自主性，独自性を意識してのことという。定款では，期末ごとの出資者（社員）への配当金をうたっているが，実際は，協議会の理念と精神を受け継ぎ，民間非営利事業としての活動を予定している。有限会社形態をとったのは，資金の内部留保や繰越しができるメリットがあったからとのことである。組合法人は地域住民の9割の加入が求められる点で，NPO法人は本来不特定多数に対するサービスを目的とするものであり，受益者を地域に限定したサービスを提供しづらい等の理由から，適用が見送られた。

同社の事業目的としては，さまざまな地域福祉サービスのほか，不動産の売買・賃貸・管理，情報処理・提供サービス事業（プロバイダー業務等），出版物の刊行および販売，引越手伝い・家事手伝いサービス業，文化事業・地域イベントの主催，食料品・雑貨の輸入・販売等があげられている。これらの事業の収益は，すべて地域福祉サービス事業に回されるとのことである。

同社では，まず'24時間安心システム'を事業として手がける。これは，地区に住むひとり暮らしの高齢者や障害者らを対象とした会員制サポート・サービスである。同社では，ISDN回線により会員家庭を結ぶ緊急情報システムをつくり，会員が急病などの非常時の際，通報を受け病院，消防署，区役所等の関係機関へ緊急連絡する役割を担う。また，入院患者の付添いや入院費用・家賃の立替え，病人の自宅・財産管理等も行う。なお，緊急情報システムでは，災害時に緊急情報をFM放送やパソコン通信，FAX等で流す予定もある。本格的なサービス運用はこれからで，当面は地区700世帯のうち50世帯へのサービス提供をめざしている。

事業実施にあたっては，社員のほか，各会員家庭を巡回したり，緊急時に介護，付添いなどを行う地域ボランティアの活用も考えられている。事業費については，自己資金のほか，年間3600円の会費や各会員家庭への緊急通報装置（ターミナル・アダプタ）の設置に伴うNTTからの取次手数料があてられる予定である。また，サービスごとに費用の一部をサービス受給者から徴収することも検討している。さらに，事業を円滑に推進するため，市，消防署，警察署，医師会，看護婦協会，社会福祉団体連合会，弁護士会等，関係機関の協力・支援も取り付けている。

CDC神戸では，このほか在宅看護用の器具レンタルなどの地域福祉サービスも検討している。地域福祉面でトータル・サービスを提供する'街の便利屋'になることが，その目標という。また24時間安心システムについては，松本地区に限らず，神戸市内で広く展開することを希望している。このため現在，㈲真野っ子をはじめ，近隣の市民まちづくり会社やまちづくり団

体にも事業への参加・連携を呼びかけている。

4 ㈲俥座地域研究所[6]（奈良市）

㈲俥座地域研究所は，1997年に奈良市奈良町に誕生した市民まちづくり会社である。同社のある奈良町は，江戸・明治時代の面影を残す格子戸の家並みが集まり，80年代当初から街並み保全運動が活発に行われてきた地区である。その運動の中心となったのが，現在全国のまちづくり活動の拠点のひとつとなっている㈳奈良まちづくりセンターであるが，今日までその活動から派生する形で，さまざまなまちづくり団体・グループが地域に生まれている。

このうち1989年に誕生した奈良町倶楽部が，㈲俥座地域研究所の母体である。にぎわい，住みよさ，文化等をテーマに語らう場として生まれた同倶楽部からは，95年に，具体的なまちづくり事業の実現をめざす人びとの手で企画集団，俥座（くるまざ）が結成される。そのメンバーは，建築家，市職員，商店経営者等さまざまな顔ぶれからなる。

㈲俥座地域研究所（資本金460万円）は，この俥座のメンバーのうちの3人がそれぞれ150万〜160万円を出資し，設立したものである。設立の理由は，まちづくり事業を進めるにあたって責任の所在を明確にする必要が生じたためという。運営にあたっては，利潤追求を第一義としていない。'7割'がNPOの意識での運営で，'3割'が投資金額の回収と地域への再投資を考えた運営を志向しているとのことである。

俥座および俥座地域研究所の活動の場としてきたのが，1996年にオープンした'あしびの郷'である。俥座の実験工房ともいえるこの施設は，飲食・物販店と，音楽会，講演会などに使える蔵，陶芸・彫刻などを教える工房などからなる。ここは俥座のメンバーの所有地であり，当初マンションの建設が予定されていたが，まちづくりに貢献できるような面白いにぎわいスペースを創ろうということで，このような集客施設へと計画変更された。

俥座のメンバーたちは，ここを拠点にして月1回市を開催しているほか，

地元の名産となるような商品開発や大和,奈良に関する情報発信を行っている。これまでのところ,こうした施設での活動は順調に推移しているとのことである。なお現在は,俥座の名のもとで,メンバー各自で各事業を企画・運営することに切り替え,'あしびの郷'はメンバー個人の運営となっている。しかし,新事業を立ち上げるときはメンバー全員が協力する体制をとっている。

また,㈲俥座地域研究所ではまちづくりイベントの企画を行っているほか,奈良まちづくりセンター内の喫茶店の経営にあたっている。このほか,古代ペルシャの物品を展示している美術館,奈良町オリエント館の運営も担っている。将来的には,奈良町内にある空き家を買い取って,さまざまな営業を行いたい意向とも聞く。

このため定款でも,幅広い事業展開がうたわれている。業として①地域開発・都市開発,②不動産の売買・賃貸,③日用雑貨,衣料品,家具,文具,書籍の販売,④出版・印刷および撮影に関する業務,⑤音楽会,文化セミナー,講演会等の催し物の企画,運営,斡旋,⑥企画運営のための情報提供,経営コンサルタント業,⑦広告代理業が掲げられている。

5　㈲山里文化研究所[7]（兵庫県養父郡八鹿町）

㈲山里文化研究所は,1994年に兵庫県八鹿町で山里の保全と都市と農村の交流を目的に設立された市民まちづくり会社である。

山里文化研究所の母体は,1988年にまちの風土,文化を継承することをめざし,地元有志の手で結成された「歴史と文化の会（かよう会）」である。同会は「ふるさとの自然,生活文化の再発見」をモットーに,春は野草を食べる会,名水めぐり,夏は神社でのクラッシックコンサート,秋は芋煮会,冬はスモーク・クッキングパーティなど,季節ごとにさまざまな交流・文化イベントを展開している団体である。また91年以降,会から派生した他の地域づくりグループと連携して山里交流ネットワークを結成し,これまで都市との交流活動を行ってきていることでも知られる。

この歴史と文化の会の有志が，山里交流の拠点として八鹿町内にある山林，農地，宅地，約6ヘクタールを取得するにあたり法人格が必要となったため，㈲山里文化研究所は誕生した。資本金は300万円で，出資者は12人である。そのうち数名は，地元銀行の好意により1口50万円を低利で借入れ出資した。

　研究所の設立趣意書には，なるべく自然を壊さず，棲息するすべての生き物の生命を守りながら，古くて，新しい田舎の暮らし方，楽しみ方を見出すことが提案されている。また定款には，本会（研究所）は「風土を尊び，遊ぶ人の組織である」とうたわれ，目的に土地取得と各種イベントの企画・実施があげられている。

　実際に歴史と文化の会と研究所が計画しているのは，山里のくらしを体験できる施設の建設と，その周囲での赤米，果樹の栽培，里山での植林などである。施設を利用することにより自ら楽しむほか，地元の人に八鹿の良さを再発見してもらい，都会の人に自然を皮膚で感じてもらおうと考えている。

　会では，間伐材や敷地に密生している竹を使って施設をつくろうとしているが，その際には，建設そのものをイベント化し，都会からの交流人の手も借りて施設づくりを行おうと考えている。このほか，交流人には里山での下草刈り・植林や，田植え，果物の収穫などにも参加してもらい，楽しみながら，施設，田畑，里山の維持管理に協力してもらおうと会では計画している。その一環として，1995年以来兵庫県森林ボランティアも毎年受け入れている。

　なお一般の参加の条件だが，出資者以外の人は，年会費を払い会員となることによって，はじめて施設を利用する権利を与えられることになる。会社ではあるが，実態はクラブ組織のように運営されることになる。そもそも，会社組織としたのは，土地取得の窮余の策としてそうしただけである。出資者である会員のひとりは，「リターンは期待していない。ゴルフクラブの会員権を購入するのと同じような気持ちである」と述べている。

4．市民まちづくり会社の形態
―― 一般的特徴と類型 ――

以下では，事例からの考察として市民まちづくり会社の一般的特徴について整理したのち，その類型化を試みる。

1　市民まちづくり会社の一般的特徴
(1) まちづくり協議会・団体の法人化

事例でみたいずれの市民まちづくり会社も，まちづくり協議会やまちづくり団体の活動に端を発する。まちづくり協議会等の住民組織では，大規模な事業資金を調達することが困難であるし，そもそも任意団体であるため契約行為を行うことができない。この問題をクリアし，信用力と事情遂行能力を有する新たな受け皿として生まれたのが市民まちづくり会社である。いずれも，市民の自発性，発意・イニシアティブに基づき設立されたものであり，住民組織と表裏一体となって活動している点が注目される。

(2) 市民資本による設立・運営と専門家支援

事例でみたいずれの市民まちづくり会社とも，市民資本による設立である。㈱トアロードまちづくりコーポレーション（以後コーポレーション），CDC神戸は，地区住民や専門家，事業者（地権者，支援者等）等，地区にかかわりのある人びとが出資して設立されている。また，役員に名を連ねている人びとも，地元の人がほとんどである。市等，公的団体の関与は一切ない。俥座地域研究所，山里文化研究所も100％市民の手による設立・運営である。山湊では，市民50％，行政50％の出資であるが，運営はほぼ市民の手に委ねられている。いずれも，市民の自己統治性が維持された組織ということができる。

なお，付言しておくが，市民資本による設立・運営だからといって，それがいわゆるアマチュアの活動というわけではない。コーポレーションでは，

第7章■市民まちづくり会社の現状と課題　131

表7-1　市民まちづくり会社の事例

名称	所在地	設立年	形態	資本金 出資者	組織構成	母体組織	設立目的	現在の事業
トアロードまちづくりコーポレーション	神戸市中央区	平成9年7月	株式会社	2,000万円 個人30人 法人8社	役員8名 常勤スタッフ1名	トアロード地区まちづくり協議会	沿道の商業活性化	エリアマップの作成 本の制作 ガラスアートショップの出店 ギャラリーの運営 カフェの出店
山湊	愛知県新城市	平成9年7月	株式会社	2,000万円 市民50人 行政	役員10名 常勤スタッフ1名	新城駅周辺まちづくり協議会	集客施設の整備	工房の運営 ギャラリーの運営 物販施設の運営 頒布会の企画・実施
CDC神戸	神戸市兵庫区	平成10年1月	有限会社	360万円 住民等39人	役員7名 常勤スタッフなし	松本地区まちづくり協議会	福祉サービスの提供	24時間地域安心システムの運用
俥座地域研究所	奈良市	平成9年5月	有限会社	460万円 個人3人	役員3名 常勤スタッフなし	奈良町倶楽部俥座	奈良町の景観保全と活性化	市,商品の企画 美術館の運営 喫茶店の経営
山里文化研究所	兵庫県八鹿町	平成6年	有限会社	300万円 個人12人	役員6名 常勤スタッフなし	歴史と文化の会	田舎暮らしの提供	里山の保全・管理 集会施設の整備 交流事業の実施

市の派遣制度を通じ派遣されたコンサルタントの助言・指導のもと，設立・運営されてきている。俥座地域研究所，山里文化研究所，山湊では，行政職員が市民として出資し，運営にも協力している。いずれも，市民の視点からサービスを提供するものの，専門的なノウハウのもと組織を維持・管理しようとしている。

(3) 利益の地域還元

市民まちづくり会社の多くの場合，利益の地域還元を何らかの形でうたい，非営利の原則を堅持しようとしている。事例でみたうちでは，コーポレーションが役員会の決議で，CDC神戸は事業計画書でその旨をうたって

いる。また，コーポレーションでは，役員は無報酬とされている。営利法人の形態をとりながらも，実態としてNPO的な運営を行おうとしているといってよい。なお，今後，NPOの法人格を取得するか否かについては，現行では税制上のメリットもないことから，とくに積極的な意見は聞かれなかった。

(4) ソフト，サービス中心の事業展開

まだ揺籃期にある各社とも，本格的に事業を展開するまでには至っていないが，いずれも将来的には事業収益でもって運営していく方針を打ち出している。この点，会費や補助金，寄付等に頼るNPO一般とは区別されるべき存在といえる。事業遂行能力とそれによる経済的自立が，その存在証明として考えられている。

現在は，コーポレーションが地区のマップ作成，ガラスショップ・ギャラリー・カフェの出店，山湊が工房・ギャラリー・物産展の運営，頒布会の企画，CDC神戸が24時間地域安心システムの運営，俥座地域研究所が市・特産品の企画，美術館・喫茶店の運営，山里文化研究所が里山の維持管理，交流事業の企画を手がけている。これまでのところ，ほぼその活動は，サービス，ソフト事業に限られるといえる。この点，街づくり会社をはじめとする第3セクターが，ハード整備から入るのとは対照的である。

しかし，各社とも定款をみる限り，将来的には総合的なまちづくりを展開しようとの意図がうかがえる。地域空間の総合プロデュースがその目標といえよう。いずれも，土地・不動産開発や空家・施設管理等を行う中で，バランスある都市機能の配置や景観の形成をめざしている。さらに，まちを1個のプロダクトとみなし，特産品の開発やイベントの展開等を通じ，まちの総合的なマーケティングを展開しようとの意欲もうかがえる。

(5) 活動範囲の地理的限定性

コーポレーション，山湊，CDC神戸とも，まちづくり協議会の法人化という形で生まれてきたため，その地区内を事業対象エリアとしている。とくに，コーポレーションについては，トアロードが伝統的なストリートである

だけに，そのエリアは明確である。活動範囲は自ずと地理的限定性をもっているといえよう。

もっとも，将来的な展望を聞くと，コーポレーションやCDC神戸では事業の採算性の問題もあり，事業対象エリアとして必ずしもまちづくり協議会の範囲にこだわっていない。状況によっては，他地区への進出，他組織との連携による事業拡大も模索するとしている。しかしながら，原則的にはあくまでも地区をベースに事業を進めていくものと思われる。

以上述べてきたように，市民まちづくり会社は，「市民性（自発性，自己統治性）」「非営利性」「事業性（経済的自立性）」「地域性（地理的限定性）」といった点で特徴づけられる。非営利性と事業性は一見相反しそうだが，前者はあくまでも収益の利用目的を限定したものであり，後者の意味するところの収益手段の確保とは矛盾しない。また，市民まちづくり会社のNPO一般との相違点は，地域性（まち），事業性（つくる）が大きく問われるところにある。地域と事業へのこだわりが，市民まちづくり会社のエネルギーの源泉といえよう。

2　市民まちづくり会社の類型化

市民まちづくり会社は，その設立目的，形態等から以下のように理念的な分類が可能かと思われる。

(1) 産業活性化型

地域産業の発展や市街地の活性化を主目的に設立されるものである。小売・飲食店，物販・文化施設等の運営が，そのサービスの中心となろう。また，ハードな施設整備や不動産事業への展開も考えられるため，比較的大きな資本力を要するであろう。このため，株式会社形態での設立が最も相応しいと思われる。事例としては，コーポレーション，山湊がこれに該当しよう。

(2) 住民共助型

地区住民の相互扶助を目的として設立されるものである。福祉サービス等

表7-2 市民まちづくり会社の類型

類型	目的	サービス内容	運営実態	考えられる法的形態	事例
産業活性化型	地域産業の発展や市街地の活性化	小売・飲食店，工房・ギャラリー運営や空家管理等	営利組織	株式会社	コーポレーション，山湊
住民共助型	地区住民の相互扶助	福祉サービス等の地域密着型サービス	互酬組織	有限会社 事業組合	CDC神戸
市民交流・生活創造型	市民間の交流や地域の生活の質的向上	まちづくりの企画，イベントのプロデュース	クラブ組織 親睦組織	有限会社 NPO法人	俥座地域研究所，山里文化研究所

の地域密着型サービスを提供し，比較的狭小なエリアで活動するものになろう。会員制をとり，互酬組織のように運営されるものが多いと考えられる。法的形態としては，事業組合のようなものも考えられる。事例のCDC神戸がこれに相当する。

(3) **市民交流型・生活創造型**

市民間の交流や地域の生活の質的向上を目的に設立されるものである。まちづくりの企画，イベントのプロデュース等，ソフトな事業展開が中心となろう。比較的少人数で設立され，クラブ組織，親睦組織のように運営されるものと考えられる。法的形態としては，NPO法人となることも想定されうる。事例では，俥座地域研究所，山里文化研究所がこれに該当する。

以上3つに大別したが，現実には必ずしもこの通り明確に区分できるわけではない。例えば，事例でみた山湊では，福祉サービスへの参入を検討している。また，CDC神戸でも，不動産の売買・賃貸・管理を定款にあげている。さらに，俥座地域研究所では実際に店舗，美術館の経営に携わっている。各社とも，総合的に地域に事業を展開しようとしており，実態として，市民まちづくり会社の類型の差異はウェイトの置き方の違いだけともいえる。

5．市民まちづくり会社の課題

ここでは，市民まちづくり会社の課題について以下の3つの視点から考察する

1　地域コミュニティに特化したサービス提供

先にみたように市民まちづくり会社の場合，その活動範囲は通常限定的に捉えられている。すなわち，地域性ということが，市民まちづくり会社を特徴づける重要な要因となっている。そしてこの地理的な限定が，近年市民まちづくり会社の事業展開の中で議論を呼ぶところとなっている[8]。

市民まちづくり会社にとって，地域コミュニティに立脚していることが，事業体としての安定性を支えるとともに，その公共性を担保することになっている。しかしその一方で，それが事業体発展の制約になるとも考えられている。コミュニティ[9]をどのように解釈するかが，今後市民まちづくり会社の発展方向を考えるうえで重要になると思われる。

2　地域コミュニティに対する社会的責任の明確化

社会的使命の達成を第一義とするNPOでは，広く一般に向けその活動についてアカウンタビリティ（説明責任）を果たすことが求められる。このため，一般の民間企業のような財務報告，決算報告だけでは，ディスクロージャーとして不十分である。その活動に対し正当な評価を得るには，非経済的，社会的な側面からも報告を行うことが必要である。法的形態はともかく，実質的にNPOとして活動している市民まちづくり会社においてもそれは同様である。

NPOの活動が浸透している欧米では，NPOや倫理的企業[10]において，社会的監査（social audit）の導入が進みつつある。これは，組織の活動の社会的コスト・効果を財務監査とは別に評価しようというもので，組織の民

主度や従業員の満足度,環境,コミュニティへの貢献度などが評価指標として用いられている。組織の目標達成を,利益ではなく,社会,コミュニティ,環境等への便益によって測る試みといえる。

わが国においても,コープこうべが「総合評価」という呼称で同様の取り組みを始めつつあるが,市民まちづくり会社においてもこうした動きに追随することが期待される。しかしながら,小規模な組織である市民まちづくり会社のこと,独自に組織評価・事業評価のスキームをつくることは困難であろう。そこで,各地のNPOサポートセンターなりが,専門家の指導のもと,普遍的な評価手法の開発にあたることが期待される。そして,そうした評価手法がISO14001（環境マネジメントシステム国際規格）のような形で一般に受け入れられると,その取得が市民まちづくり会社の社会的地位を裏づけるものとなろう[11]。

3 地域コミュニティへの資金還流

市民まちづくり会社では,地域への再投資,利潤還元をうたっているが,その活動が真に地域コミュニティに生きるためには,循環的なコミュニティ経済が確立している必要がある。

アメリカでは,1977年に成立したコミュニティ再投資法（CRA）のもと,地元金融機関に対し地域に一定額を再投資することを義務づけている。これが,市民まちづくり会社にあたるCDC（コミュニティ開発法人）の活動を大いに助けていることは,よく知られているところである。長期的には,こうした法的措置が循環的な地域経済を確立するうえでの最も有効な方策のひとつであると思われる。このような法整備が,今後重要な課題となろう。

一方,地域金融機関に対しては,こうした法整備を待たなくとも,市民まちづくり会社をはじめとするNPOへの投資・融資を積極的に展開することが望まれる。すでに1990年初頭より市民バンクの活動等を通して,わが国の地域金融機関でもNPOへの融資は始まっているが,今後は株式への投資,

また将来的にはコミュニティ・ボンド，レベニュー・ボンド，転貸債の引受け等についても，積極的な対応を期待したい。また，公的機関等と連携して，パートナーシップ型のコミュニティ基金の設立を図るのも課題のひとつとなろう。

　他方，市民まちづくり会社に対しては，地域コミュニティにおける資金還流メカニズムとして機能することが期待される。イギリスをはじめ欧米では1990年代に入り，LETS（地域交換取引制度）と呼ばれる貨幣なしのモノ，サービスの交換制度が進んでいるが，市民まちづくり会社には今後そうした独自の交換制度を創設し，その媒介機関となることが期待される。こうした試みは，コミュニティの金銭や資源を節約し，その購買力を拡大するのに役立つことになろう。

6．おわりに

　市民まちづくり会社はまちづくり事業の実施主体となる中で，都市機能の整備，景観の形成，地域イメージの確立といった面で，地域の総合プロデュースを行う機能を担う。そしてその活動は，都市計画，産業，社会福祉，環境といったさまざまな地域問題を総合的に解決するのに役立つものと考えられている。

　こうした市民まちづくり会社の本質を，一言でいえば，地域資源の再統合化，最適化メカニズムであるといえる。地域コミュニティが求めるサービスの提供に向け，セクター間を越え人材，情報，資金等の新しいネットワークを築き，地域資源の多面的活用を図ることにその本質があるといえよう。

　このようにまちの総合調整機能を担う市民まちづくり会社の活動を最大限に生かすには，行政サイドにも変革が求められる。産業，文化，福祉，環境，都市政策の総合化，一元化を進め，従来の分野を対象としたアプローチ（issue-based approach）から地域を対象としたアプローチ（area-based approach）への転換を進めることが期待される。そしてそうした方針転換

の中からは，市民まちづくり会社等への支援として，欧米でみられるようなブロック・グランド（包括補助金）の提供といったことも検討されるべきであろう。いずれにせよ，市民まちづくり会社が柔軟に，また機動的に地域コミュニティで活動できる環境づくりが望まれる。

しかしながら，忘れてはならないのが市民まちづくり会社があくまでも地域コミュニティの持続的発展の仕組みにすぎないということである。市民まちづくり会社が成長・拡大しても，それが地域コミュニティから遊離した存在となってしまっては，何ら意味がない。市民まちづくり会社には，成長・拡大することよりも，地域とともにあることが重要である。さらにいえば，市民まちづくり会社という組織そのものよりも，それを生み出し，維持するメカニズムが地域コミュニティに内包されていることが何にもまして大切であるといえる。したがって，行政には，単に市民まちづくり会社への支援というよりも，地域コミュニティの自立に向け，広く地域コミュニティ全体へエンパワメント（権限付与）していく役割を期待したい。

注
1) 西郷（1996）p. 37
2) 西郷（1997）p. 42
3) トアロードまちづくりコーポレーションについての記述は，主に同社へのヒアリングに基づく（応対者：清水俊雄代表取締役，許開全専務取締役，広瀬今日子氏）。
4) 山湊についての記述は，主に同社へのヒアリングに基づく（応対者：福田和義代表取締役）。
5) CDC 神戸の記述は，主に同社へのヒアリングに基づく（応対者：中島克元取締役）。
6) 俥座および俥座地域研究所の記述は，主に同社へのヒアリングに基づく（応対者：田中宏一氏）。
7) 山里文化研究所の記述は，主に同社へのヒアリングに基づく（応対者：岸政次郎取締役）。
8) 1996年度，㈱黒壁は，岩手県江刺市のまちづくり会社，黒船の設立の際出資を行った。これに対し出資者である長浜市等から市域を越えた活動に対し疑問の声があがった（矢作，1997, pp. 207-215）。

9) コミュニティとは，地理的（近隣型）コミュニティだけをさすものではない。趣味や関心を同じくする人々のネットワーク型（機能型）コミュニティや，サイバー空間上の仮想コミュニティといったものの存在も，コミュニティの範囲を考える際考慮に入れる必要があろう。イギリスのコミュニティ・ビジネスの議論では，地理的コミュニティ以外のコミュニティに基盤を置くものも，コミュニティ・ビジネスと認めている。(今井，1997, p. 122)
10) 倫理的企業（ethical company）とは，利潤拡大を，目的とせず社会的使命達成のための手段とみなしている企業。NPOと発想，行動原理は同じだが，株式会社や有限会社といった形態をとる。
11) 中島（1997）p. 27

参考文献
石田真理子「まちづくり読本：NPOとまちづくり―明日へジャンプ！ まちをささえる市民事業」風土社，1997年, pp. 42-44
今井良広「コミュニティビジネスにみる市民事業体発展の課題と方策」『市民とコミュニティの新しい関わり方についての研究』㈶21世紀ひょうご創造協会，1997年, pp. 119-153
今井良広「地域管理主体としてのまちづくり会社」『社会的経済と民間非営利組織に関する研究』㈶21世紀ひょうご創造協会，1998年, pp. 83-103
大川信行「非営利組織への地域開発金融―第3セクター新時代における役割」『地域開発』97. 8 地域開発センター，1997年, pp. 57-61
金川幸司「震災復興における民間非営利活動に関する研究―まちづくり活動を中心として」㈶21世紀ひょうご創造協会，1997年
西郷真理子「『黒壁』―まちづくり会社としての成功と課題」『地域開発』96. 7 地域開発センター，1996年, pp. 36-46
―――「まちづくりにおけるNPOの役割」『都市問題』第88巻第4号，1997年4月号，東京市政調査会，1997年, pp. 39-57
高見澤邦郎・早田宰・薬袋奈美子「まちづくり中間セクターの実態と非営利まちづくり組織の展望」『住宅総合研究財団研究年報』No. 21, pp. 61-79
中小企業事業団「『街づくり会社』の設立・運営のノウハウ」中央経済社，1994年
中島 大「市民事業―共生社会における新しい事業の概念と可能性」『都市問題』第89巻第9号，1998年9月号
兵庫県政策課題研究会「コミュニティ・ビジネスの振興方策―新たなコミュニティからの提言」兵庫県，1997年
平石裕一『地域再生の共同金融―金融危機を越えて』地域産業研究所，1999年
矢作 弘『都市はよみがえるか―地域商業とまちづくり』日本経済新聞社，1997年

第III部
地域づくりの社会文化開発と
企業財団・新しいコミュニティ財団の可能性

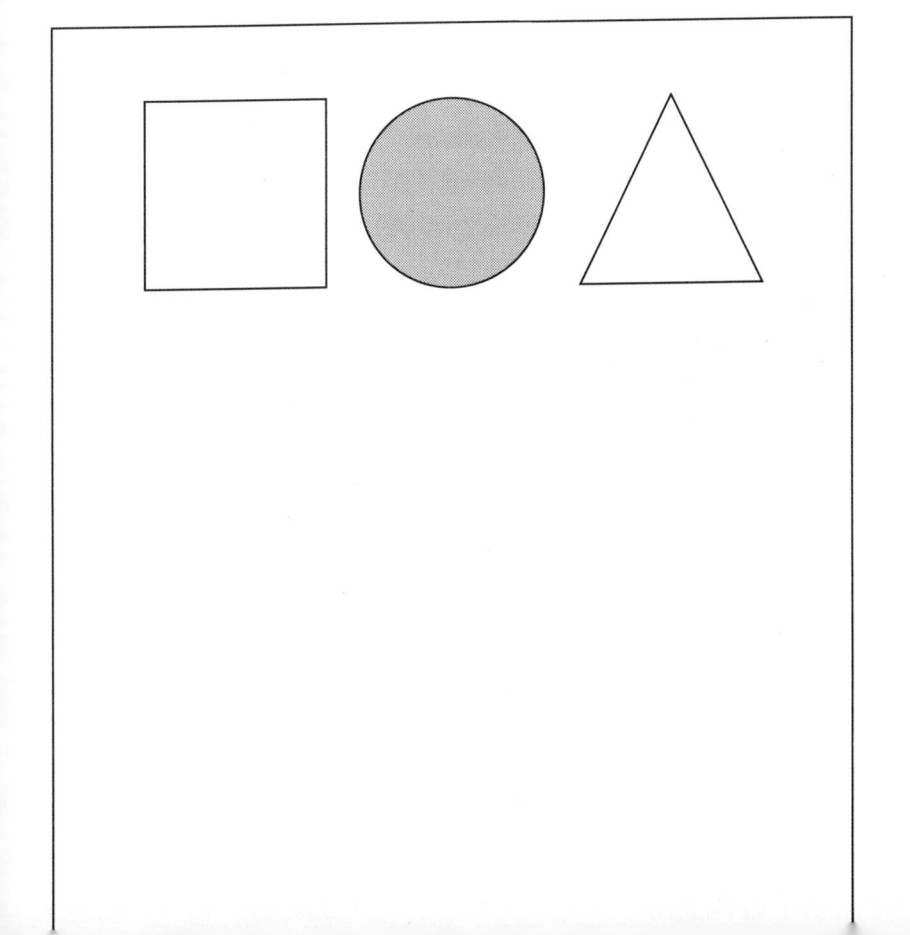

8

企業財団とNPO
——サントリー文化財団の活動から考える

1. はじめに

　神戸フィランソロピー研究会のメンバーとして，さまざまなNPO活動の方がたからお話を伺い，皆と議論する中で，一私企業がつくったサントリー文化財団という活動について少し振り返って考えるようになった。

　企業とNPOの本質的違いは何か。企業と企業財団の社会貢献のあり方はどう異なるのか。企業財団は母体企業とどういう関係にあるのか，あるいはあるべきなのか。企業財団の強みはどういうところにあるのか。企業財団はNPO組織全体の中でどういう役割を果たすべきなのか，などなど。

　企業と財団という2つの職場で得た経験をもとに，そうした疑問への筆者なりの答えを研究会で発表する機会を与えていただいた。本章は，そのときの報告をもとにしたものである。

2. 企業の社会貢献

1　サントリーの社会貢献

　サントリー株式会社は比較的社会貢献に熱心な企業として認められているようだが[1]，今日の活動は創業者鳥井信治郎の社会奉仕の精神に源がある。彼は，奨学金や学校設立の他，貧しい人への炊き出し活動，無料診療所の開設などを行い，利益の3分の1は社会に還元すべしという利益三分主義を唱

えていた。これに基づいて，戦後，サントリー株式会社は，創業の周年を迎えるごとに記念事業として，サントリー美術館，サントリー音楽財団，サントリー文化財団，サントリーホール，サントリーミュージアム等新しい活動を展開してきた。

戦後に主として芸術支援を行ってきた理由は，1999年に逝去した二代目佐治敬三の芸術・学術への人一倍強い愛着が大きく関与している。

佐治は大阪大学理学部で有機化学を専攻し，大学では一時研究者をめざしたこともあり，自ら絵筆をとり句作に励むなど多趣味であった。また商品である酒の特性が，香り，味わい，色彩，それに酔いという人間の繊細な感覚にかかわるものであり，昔から音楽や文学にも密接なつながりをもつところがあるので，芸術をよく理解できる会社でなければならないから，というのが社内でよくいわれる芸術支援の理由である。

2　企業が社会貢献をする理由

企業は利潤を追求する (for profit) 組織である。言葉の定義から考えて，本来企業が自ら進んでNPO活動を行うことは矛盾したことのように感じられる。ところが，1970年代から80年代にかけて，文化の時代といわれた時代風潮を受けて，サントリーをはじめ日本の企業各社は，企業自体の論理から，メセナやフィランソロピーといわれる社会貢献活動へと向かっていった。

それはマーケティング競争の過熱がもたらしたものである。企業間の競争は，商品の基幹的機能や効用を競争のベースとしていた時代から，技術のレベルが均質になってくるに従い，次第に付加的な工夫を競い，デザインやネーミングも重視される時代へと移行していった。究極にはコーポレートアイデンティティ（CI）という言葉の流行が示すように，会社の姿勢や品格が商品の購入を左右するといわれるまでになった。当時，商品イメージから企業イメージへと広告表現の内容が変わる[2]とともに，テレビの特別番組の提供や冠イベントの開催が頻繁に行われるようになった[3]。

そうした活動に対して，企業内部において，ある程度の限度枠[4]の範囲であれば，直接利益をめざす活動でなくても，企業にとって長期的あるいは間接的にプラスになるという理論づけが行われ，これが企業の社会貢献の機動力となった。すなわち，企業は利潤を追求する組織であるが，その結果生じた利益について，何パーセントかを社会に還元することは，矛盾した行為ではないと考えられたのである。

3 企業が社会貢献を求められる理由

企業の外側から，企業の社会貢献を理由づける動きも出てきた。それは，政府の機能と，市場の機能が，社会の変化の中でともにうまく働かなくなったという認識から生まれたものである。

政府自治体の機能は，公平性に基づく一元的なサービス供給を原理とし，個別に配分する場合も世間的に評価のある確実な対象に限定されるので，21世紀に向けての高度情報化社会の世の中では，多様な価値観やスピードの速い変化に対して対処できない。

また企業においても，1960年代後半から公害問題を受けて企業の社会的責任論が議論されたように，市場原理という経済的合理性は近代的社会システムを支える効率の良い原理であるが，それが先鋭化しそれだけで動くと，社会にマイナスをもたらすことがありうることに気づいたのである。すなわち「企業市民」という言葉に代表されるように，企業が社会的存在であり，企業にも人格があることが意識されるようになった。

この政府と市場の双方の手の届かない領域を埋めるものとしてNPOの存在意義があり，企業の社会貢献の余地があるといえる。企業が公益活動に向かうということは，言いかえれば，企業活動で生まれた富の偏りを自発的に修正し再配分することである。どういう分野にどれだけ配分するかは，個々の企業の自発性原理に基づくが，それが多数行われることによって，結果として多様性が確保され，政府自治体のサービスを補完することが可能となる。

4　企業本来の事業の公益性

　企業の社会貢献が語られる際，当然過ぎてあまり議論されずしかも重要なものは，企業が最も社会的な影響力を行使している事業そのものの領域である。

　明治，大正期の企業の生い立ちを見ると，企業は利潤を効率よく生み出す機関というよりは，もっと社会の喜びと密着した組織のように見える。最近たまたま読んだものであるが，別府温泉の礎を築いた油屋熊八の例[5]を紹介しよう。

　彼は町議会の議員として地元新聞の発刊を実現させるなどした後，アメリカに渡りクリスチャンに帰依して帰国，別府で旅館業を始める。聖書にある「旅人をねんごろにせよ」という言葉を心に，次々と新しいサービスにチャレンジした。最高級寝具と大阪から呼び寄せた一流料理人でのもてなしで評判となった後，その頃珍しかった自動車を輸入して，客の送迎と観光地めぐりを行う。次に当時まだ東京，大阪では道路事情により許可が下りていなかった大型バスを購入し，定期観光バス（当時この概念はもちろんない）を始める。少女車掌による観光ガイドもこの時の彼のアイディアである。他にも別府全体の地域振興のためにさまざまな試みを行っているが，彼の行動を見ると，社会的貢献のインパクトを最大にすることばかり考え利益を度外視していたと受け取られても仕方がないくらいである。

　この例から企業の活動を考えてみると，企業には，利潤を生み出す管理的な原理とはまったく独立した別の原理として，社会へのインパクトをいかに大きくするかという開発的な原理があるといえるのではないか。企業の開発的側面とNPO活動を社会とのつながりで比較すると，対象が私的財か準公共財かという違いだけであり（しかもその境界線は曖昧である），筆者は企業のある側面とNPO活動には共通するところがあると思っている。とくに開発型側面が強い存在であるベンチャー企業はNPOと考えることもできるだろう。

3. 企業財団とは何か

1 企業と企業財団

　財団法人は基金の出捐者により，政府，自治体など官によるもの，企業，団体，個人など民間のもの，官と民との共同で成り立っているものに大きく分けられる。企業財団は，企業の寄付により設立されているもので，財団法人の名称に企業名が使われているケースが多い[6]。

　企業がNPO活動を行う場合，企業財団を設立してそこを通して行う場合と，企業が直接運営したり寄付をしたりして行う場合がある。サントリーの例でいえば，サントリー文化財団，音楽財団は財団であるが，サントリーホールやサントリー美術館は独立法人ではなく，サントリー株式会社が直接運営する形を取っている。

　単純な比較は意味がないと思うが，日本の企業の寄付金総額は財団への寄付も含めて年間約6000億円であり[7]，企業財団の事業費は約530億円である[8]。この数字をどう見るかであるが，日本の企業は財団をつくっても財団だけに社会貢献を任せるのではなく，直接にもいろいろな形で社会貢献を行っているといえる。

2 企業財団のメリット

　企業が直接社会貢献を行うか，企業財団を作って行うかという場合に，企業財団のメリットとしてよく挙げられるのは，①企業収益が低下したときでも，基金運用による安定的な活動ができる，②強い意思をこめた長期的な活動ができる，③企業からの独立性を確保できる，④外部から専門スタッフを呼ぶことができる，ということである。しかし，現在のような低金利の状況では，①のメリットはあまり感じられない。逆に基金の取り崩しができない今の制度のもとでは，毎年の活動の補填に多大な費用を要するため，企業業績が悪化した場合には，活動を停止せざるえなくなる場合も考えられる。ま

た③④についても努力すれば企業がやれないことはない。寄付だけを行うのであれば，企業が直接行ったほうが，余計な管理費を使わなくて済むかもしれない。事業を自ら運営する場合は，一般的には財団組織にしたほうが，社内規定や人事制度が複雑になることを避けるためにもよいと思う。ただし組織規模が大きい場合は，基金が大きくなるのと，毎年の寄付についての税金負担を考えると，社内組織にして赤字事業として進めたほうがよいという考えもある。

　と考えてくると，企業財団にする最大のメリットは実は②なのである。財団は一度創設されると，もう後戻りはできない。財団を解散する場合でも，基金は設立趣旨を同じくする他財団に吸収され，出捐企業に返されることはない。財団を創設したときの意思が永遠に貫徹されるのである。

3　企業と企業財団の関係

　企業の中で企業財団を位置づけるにはいろいろな考え方がある。企業が社会貢献を行うための一機関という位置づけが最も一般的であるが，企業の論理としては，①企業イメージが醸成できる，②財団との人事交流で人材が育つという意味も含め，財団活動により外部の知恵を社内に持ち込むことができる，③長期的な視点をもつことができる，ことなどが挙げられる。

　③について当社の例でもう少し説明すると，事業部（マーケティング）が単年度の商品戦略を考え，経営企画部が社会経済の中期的な流れと連動して会社の方針を決める。文化財団が長期的な問題について自主的研究会を運営する部分は，その延長線上に位置づけられる。当社では他にお酒や人間の社交にまつわる文化を調査研究する不易流行研究所という機関ももっており，超長期的（不易）な視点で情報を集めている。

4　日本の企業財団

　現在日本の公益法人約2万6000団体のうち，企業財団は約400といわれ，数では約1.5％，事業規模では，約0.3％である[9]。

企業財団の歴史をみると，戦前は経営者個人の篤志による個人財団が多い。ある程度の資産規模をもつ企業財団として初めてのものとされるのは，1934年に旭硝子株式会社の出捐によって設立された旭化学工業奨励会である[10]。戦後は個人よりも企業出捐のほうが多くなる。60年代後半の公害問題から始まった企業の社会的責任論の議論を受けて，70年代には企業財団の設立が増える。この中にはトヨタ財団や日本生命財団など大型財団も含まれている[11]。85年からはバブル期の追い風とメセナ運動の高まりの中で財団設立が加速されたが，バブルの崩壊後，新設される企業財団は激減した。また異常な低金利によって活動の全体的な規模はかなり縮小しているのが現状である。

5 海外の企業財団

諸外国では企業財団はどういう位置づけになっているのだろうか。アメリカでは，カーネギー財団やロックフェラー財団など歴史のある民間財団が大規模に活動しているが，個人の出捐によるものが多く，企業財団の活動規模はきわめて小さい[12]。アメリカにおいても企業財団はむしろ1980年代以降のトレンドである。

ヨーロッパでは，各国によって事情が異なるようだ。フランスはよくいわれるように政府が文化政策などに多大な資金を拠出しており，民間の出る幕がないくらいであるが，1990年に企業財団に関する法律が新たに制定され，91年には企業財団法に関する通達が公布されたので，企業が財団をつくりやすくなった[13]。代表的な企業財団としては，カルティエ財団，フランス・テレコム財団がある。ドイツではフォルクスワーゲン財団，ベンツ財団などが有名であるが，近年企業財団の設立が活発になっており，貯蓄銀行界では10年間に150の財団を設立したという[14]。

企業財団は，世界的な潮流としては近年比重を増してきているといえる。

ちなみにサントリー文化財団と同じ酒類業界の会社の財団としては，アメリカのアンホイザーブッシュ財団（バドワイザービール），デンマークの

カールスバーグ財団などがある。

4. 財団活動で出会った諸問題

1 公益性とは何か

　サントリー文化財団での具体的な活動の中から，NPO活動全体にも広く一般化できる問題を考えてみたい。

　まず，財団は公益活動を目的とするといったときの公益とは何かということである。われわれの活動の大きな部分を占める研究助成は，学者・研究者の研究に際し必要な資金を援助する活動である。一般的に研究助成を行う場合，いろいろなパターンがある。①期間を限定した一般公募，②期間を限定せずその都度の申請に応じて審査するもの，③財団側がテーマを決めて公募するもの（計画型助成と呼ばれる），④テーマと主査を決め財団が積極的に関与しながら行うもの，である。この場合，公益性が高いのは①から④の順番であり，①に重点を移すようにと監督官庁から指導を受けるが，果たしてそうだろうか。たしかに応募できるチャンスが広がり不特定多数の研究者に利益をもたらすという意味で公益性と考えることは可能である。しかしそれは単に量的な開放性であって，政府の活動原理である平等性の延長線上にあるものの考え方である。公益性を判定するのなら，研究の内容自体に公益性があるのか，あるいは最終的な研究成果が社会的インパクトの強いものかどうか，またその発表をいかに広く社会に公開するかという問題のほうが大きいとわれわれは考えている。そう考えるなら，今日の社会にとって重要な特定のテーマを選定し，専門性の高い集団によって運営される特定の研究グループに助成するほうが公益性は高い。民間財団が助成をするのであるから，政府と同じように平等性の原理によって広く一律に助成を振り撒く必要はなく，財団の設立趣旨にかなうものに特化して助成をしていくべきだと考える。

2 社会的ニーズを探す

　企業がその開発的側面において「もの」を生み出すとき，どの分野にどういうものを作ればよいかを決めるひとつの要素は，社会的ニーズである。同様に財団活動においても，社会的ニーズに応えるということが活動の中心原理である。マーケティングの用語で「ニッチ」という言葉がある。これはどこからも供給されていない隙間のような領域をさすが，ニーズよりこのほうが財団の対象とするものには近いかもしれない。

　支援を求める人びとが，政府からの供給も含めてどういう資金・サービスに支えられているか，現状の全体像をまず知ることが大切である。そこで支援を求める人にとって欠けている部分を探し，それを補うのが民間財団の役割であると考える。当財団の例では，研究助成を始めるにあたって，研究者が頼っている大学の研究費や科研費一般部門では海外渡航費が当時認められていなかったことや飲食費にも制限があったこと，さらに煩雑な会計報告などの義務があることを知り，それらの改善を図る方向で研究助成の性格を決めた。

　もうひとつの事例は，国際知的交流委員会（CIC）への助成である。この委員会は，学会など専門的研究分野での国際交流は活発であるが，ジャーナリスティックな論壇情報については意外と閉鎖的であるという認識から出発し，世界の主要雑誌の優れた論文をピックアップし，英文小冊子に要約し，世界2000カ所の出版社，雑誌編集者，研究者にあて送付している。

　助成先を決める際にも，CICの事例のように，これまで類似の活動の少ない独創的な活動への支援を心がけている。

3　コミュニティとの関係

　当財団の活動に「サントリー地域文化賞」という事業がある。これは全国各地の地域文化に貢献した団体，個人を顕彰しようというもので，これまで119の活動に賞を差し上げている。音楽や演劇などの芸術を分野とするもの，伝統継承，まちづくり，国際交流などさまざまな活動が全国で活発に展

開されている。それらはすべて NPO と呼べる活動である。

　これらの地域 NPO が地域コミュニティと密接な存在であるのは当然であるが，地域 NPO でなくても，人びとの生活のニーズから自発的に生まれるものである限り，NPO 活動はコミュニティと関係なく存在し得ないと思う。弱年層や高齢者が地域と密接な存在であることからわかるように，本来地域とは生き物としての人間が頼らざるを得ない場所なのである。

　一方で，人類は，社会の進歩とともに，近代的な合理性に基づくシステムにより，貨幣の流通を加速させ，交通，運搬，情報通信の発達を促し，地域という概念を希薄化させながら，巨大で抽象的なグローバル社会を形成してきた。今日の企業は，地場企業から全国企業，世界企業までエリアの大小はさまざまである。NPO においても全国的な活動や国際活動を展開し，地元のコミュニティを活動領域としないところが存在する。しかし，全国展開の企業であっても支店や工場では地域社会と密接な関係をもっている。企業であれ，NPO であれ，ある一定の場所を占有し，働く人びとが住んでおり，物の出入りがあり，ごみを排出する限りにおいて，地域コミュニティと関係なしには生きられないのである。

　当財団も大阪に限定した事業活動はないが，財団が大阪に存在するということで，府や市などの自治体やさまざまな企業，他財団，報道媒体など多くの団体や一般市民とつながりがあり，大阪の文化的ネットワークの一点としての自覚をもたずには活動できない。

5．NPO の中の企業財団

　企業財団も広義の NPO 組織であり，サントリー地域文化賞の例のように，NPO である企業財団が地域 NPO を支援するという構図が描ける。NPO の定義の性格からして，日本の現状の団体で NPO と呼ばれるものには種々雑多な活動組織形態が含まれ，一様に語るのは困難であるが，企業財団の特徴を列挙していきながら，企業財団が他の NPO とどう異なり，NPO

をどういう形で支援していけばよいかを考えてみたい。

　企業財団の特徴のひとつは，企業の寄付という形で資金基盤がはっきりしており，NPO全体の中では比較的規模が大きいということである[15]。最近は基本財産からの果実が目減りしており，財団法人では事業を縮小せざるを得ないところも出てきているが，企業が利益を出している限り単年度の寄付金によって事業費をカバーしていくことが可能である。

　企業財団のもうひとつの特徴は企業のいろいろなリソースを活用することができることである。財団の広報は，とくに顕彰事業をもっている当財団のような場合は，事業の成果を左右する要素である。賞金を差し上げることよりも，受賞活動を世の中の人びとに広く伝え，受賞者の今後の活動がよりスムースになることのほうが重要だからである。その場合，われわれ財団にとっては，企業に蓄積された人脈等も含め広報のノウハウを活用できることは貴重である。また地方で情報を集めたり広報活動を行う際も，支店の情報網に助けられている。

　リソースの一番大きいものは人材であろう。企業で文書，企画，経理，対外折衝等の基本的な業務能力を身につけたスタッフの指導により，企業精神に裏づけられたスピーディーかつ心のこもった作業が可能となり，財団の力を十分に発揮できる。

　聞くところでは，昨今誕生しつつあるNPOの中に，自発的で高い志をもっているが，組織としての統一がとれていなかったり，現実的な事務処理能力が不足していたりで，外に向かって力が発揮されにくいものがあるとのことである。

　今日の自発的なNPO集団が育っていき，やがて将来もっと本格的なNPOの時代が到来することになるだろう。現在の日本では，善くも悪くも企業社会といわれるように企業の存在は大きい。そのときまでは，企業や企業財団が，基幹NPOとしてNPOへの助成を行い，NPO活動全体の中で，過渡期的に一定の役割を果たすことが求められているのだと思う。

6. おわりに

　企業財団が単なるブームで一過性のものに過ぎなかったといわれないためにも，企業財団の強みを生かした活動を持続していくことが必要だろう。その強みとは，繰り返しになるが，社会的ニーズを察知する能力と，平等主義にとらわれない見識（われわれはそれを「独断と偏見」と呼んでいる）であり，企業のリソース，ノウハウをバックボーンとしていることである。企業財団にとっては，これまで述べてきた意味での「企業」的精神を，財団活動の中に常に反映し生かしていくことが重要であると考える。

　注
1)　1994年度のメセナ大賞を受賞した他，日本経済新聞社の企業の文化活動アンケートで総合1位になったこともある。
2)　富士ゼロックスの「モーレツからビューティフルへ」(1970年)やモービル石油の「のんびりゆこうよ」(1971年)が代表例。
3)　サントリーでもこの頃，北京マラソンやカラヤン・ベルリンフィルコンサートなど大型イベントを実施するとともに，それらをテレビの特別番組として提供した。
4)　経団連の1％クラブは，企業の経常利益の1％を目標として社会貢献を行おうという趣旨のもとに，211社が参加している（経済団体連合会編，1996）。
5)　橋爪『CEL』46号，47号
6)　一口に企業からの寄付と言っても，①ひとつの企業の寄付，②企業オーナーと企業の共同によるもの，③複数の企業の寄付など，いろいろなパターンがある（詳しくは㈶公益法人協会編，1992, pp. 2-4）。
7)　国税庁企画課編（1994）
8)　公益法人協会編（1992）p. 25, 30
9)　資料が同年度のものがなく，正確な数字ではない。公益法人数は2万6275で，事業費は15兆9937億円（総理府編，1998），企業財団は，403で，530億円（公益法人協会編，1992）。
10)　林・山岡（1984）p. 113
11)　ちなみにサントリー文化財団は1979年の設立で，日本の企業財団の中では，資産規模で中規模の財団である。

12) 1991年の寄付金提供者の内訳は個人83％，企業財団以外の財団が約6％であるのに比して，企業寄付と企業財団合わせても5％に満たない（出口，1993，p. 157）。
13) 今田（1993）p. 214
14) 土肥（1993）p. 227
15) これも資料が同年度のものがなく誤る可能性があるが，財団法人の中で比較すると，資産の総額（正味財産）は，財団法人全体の平均が9億4000万円であるのに対し，企業財団のみの平均は14億3000万円である（総理府編，1998，p. 137，公益法人協会編，1992，p. 22）。

参考文献

今田　忠「フランスの企業フィランソロピー」島田晴雄編『開花するフィランソロピー』TBSブリタニカ，1993年

経済団体連合会編『社会貢献白書'96』1996年

㈶公益法人協会編『日本の企業財団'92』㈶公益法人協会，1992年

国税庁企画課編『平成4年税務統計から見た法人企業の実態』大蔵省印刷局，1994年

総理府編『平成10年版公益法人白書』1998年

出口正之「アメリカ企業のフィランソロピー」島田晴雄編『開花するフィランソロピー』TBSブリタニカ，1993年

土肥寿員「ドイツの企業フィランソロピー」島田晴雄編『開花するフィランソロピー』TBSブリタニカ，1993年

橋爪紳也「近代日本の空間プランナーたち第8回油屋熊八①②」大阪ガスエネルギー・文化研究所『CEL』46号，47号

林雄二郎・山岡義典『日本の財団』中央公論社，1984年

9

文化NPOの現場からみた文化支援のあり方の一考察

1. アート・エイド・神戸の活動

1 設立の経緯

　震災直後の，高速道路も，ビルも，港湾も，住居も崩壊し，焼き尽くされ，1人1人の生活も壊滅状態の中で，われわれは文化による復興をめざして「アート・エイド・神戸」という運動を始めた。まだ，街は瓦礫のまま，避難所に人は溢れていた。

　アート・エイド・神戸のネーミングについては神戸の文化を自分たちの手で守るという決意と，芸術家自身も神戸の復興のために力を結集するという願いを込めた命名である。

　ともかく2月15日に趣意書を書き上げ，18日に第1回の実行委員会を開いた。

　われわれは被災した芸術関係者に見舞金を贈り，チャリティーコンサート，美術展，震災詩集，詩画集の刊行，工事現場に壁画を描く運動，あらゆる芸術活動に対して100を超える助成支援を行っている。

　資金は文化復興のために外国から寄せられた支援，一般市民，発表活動からの寄付，詩集の販売，継続的な企業からの支援などによる。大切なことは，この運動の中に，文化の循環サイクルが生まれ，創造が創造を生む，創造の連鎖の萌芽があるということだ。

2　芸術関係者緊急支援制度

そのシステムは，数年前の1994年の奇しくも1月17日に起こったアメリカ・ノースリッジ地震のときにアメリカのNPOが行った救援に学んだものである[1]。

今回の震災で，住宅やアトリエや楽器や稽古場に大きな被害をうけた芸術関係者（照明や音響やマネージャーなど裏方さんを含めて）のうち，

① 芸術家としての活動歴が10年以上であること
② 被害の状況，活動歴について確認できる同一ジャンルの2人の署名
③ 1年以内に活動を再開できる予定があること

この3件だけを要件とした。これもアメリカの例に学んだ。

芸術関係者緊急支援は全体として支援総額730万円，総数82名となった。

3　鎮魂と再生のために

アート・エイド・神戸文学部門では，現代詩を書く詩人たちが，震災の体験を詩として発表した。伊勢田委員長が中心になり，和田英子さんら6名が呼びかけ人となった。

心が揺れる日々の中，わずか震災3カ月後の4月17日に『詩集・阪神淡路大震災』を，震災1周年の1996年1月17日に第2集を，第3集は，震災2周年の1997年1月17日に『復興への譜』として出版された[2]。全体として8000部の刊行となった。

こうした詩集から，たびたび朗読会が開催され，詩人にとっても「朗読詩」という新たな認識を生んだ。さらにラジオ，テレビを通じ発信され，1995年10月24日にはNHKラジオジャパンを通じて世界19カ国へと流れた。さらに，作曲家に呼びかけ，この詩集からの作曲を試み，実に多くの歌曲，合唱曲，器楽曲が発表された。

詩人たちと，画家との協力で生まれたのが詩画集『鎮魂と再生のために―長尾和と25人の詩人たち』[3]である。この25枚の水彩画と，25編の詩は，コープこうべに寄贈され，今も地震の証言者として巡回を続けている。

4 基金の状況

アート・エイド・神戸の運動は「文化的窒息状況を撃ち破り，芸術の力で，生きる勇気や希望を与える活動を出来るだけ早く立ち上げていく」ことが当初の使命であった。

したがって緊急出動の短期決戦と考えていたので確たる資金計画があったわけではない。

初期活動の資金40万円は公益信託・亀井純子基金から支援をうけ，チャリティー美術展での売上が芸術関係者緊急支援制度へと結びつき，音楽会や，詩集の出版，文化活動への助成制度へと展開していった[4]。

表9-1 アート・エイド・神戸の収支状況　　　　（円）

	収　入	支　出	繰越し	活動助成費
第1期	25,859,139	20,434,150	5,418,989	7,000,000
第2期	19,086,600	16,322,986	2,763,614	13,500,000
兵庫アート・ウィーク・イン東京	16,268,421	16,268,421		
第3期	19,287,753	18,904,775	3,892,078	5,060,000
第4期	2,085,731	4,901,302	1,077,107	3,130,000
合　　計	82,587,644	81,510,537		28,690,000

5 アート・エイド・神戸の今後

緊急出動のつもりで始めたアート・エイド・神戸の活動も，その役割を変化させながら中距離走から，いまやマラソンとなった。

アート・エイド・神戸が果たした役割は，
① 市民みずからが文化を支えるという理念を掲げたこと
② 震災後の文化後回しの風潮を打破したこと
③ 文化を支えるための資金を集めたこと
④ その資金によって文化活動への資金助成を行ったこと
⑤ 幅広いネットワークによるノウハウを提供したこと
⑥ 文化によるまちづくりへの提言を行ったこと

⑦　こうした活動を永続的なものとするコミュニティ財団への提案を行いその流れを作ったこと

　こうした文化的シンボルとして，また政策提案のシンクタンクとして，あるいは文化コミュニティ財団構想の実現への運動体として，他の市民活動と連携して新しいものを生み出していく触媒の機能を果たしたいというのがこれからの目的となった。ここでの貴重な体験をどう社会的資産として残していくかが課題なのである。

2．社会の脊髄としての文化

　神戸という街は，めぐまれた地理的環境と世界に開かれた港を中心として発展してきた歴史的経緯から，生活文化としては市民のライフスタイルそのものが文化としての豊かさを感じさせ，阪神間としては豊かな芸術文化を育んできた街でもある。しかしながら，最近は，こうした文化的風土が軽んじられ，憂慮される傾向の中で震災をむかえた。

　震災で傷んだ街と心を，文化という観点から復興しようというアート・エイド・神戸の訴えは，幸いにして大きな支持をいただいた。もちろん単なる復旧ではなく新しい文化の創造という意味を孕んだ活動であったし，その意味においては，本当の使命はこれから果たさねばならない。

1　文化のもつ意味

　文化とは人間の骨格とりわけ背骨にあたり，都市の背骨に他ならない。人が人らしくあり，生き生きと感動をもって暮らすために欠かせない要素である。道路や，港や，公園の整備を都市のインフラストラクチュア（基盤）と呼んでいるが，本当はわれわれをわれわれたらしめている文化こそが何よりのインフラストラクチュアに違いない。骨格をおろそかにして胃袋や，筋肉や，頭脳だけを鍛えようとして長じて身体的病理を抱え込み多大な治療を必要としているのが現代の日本である。文化軽視による心の歪みや，それから

くる社会的な問題に後から対処することこそ,文化への投資の何倍ものコストがかかることは自明である。

　芸術と触れ合うことにより,人生を深く考えさせられたり,深く心を動かされることにより,生きていることを実感できる。今,流行のようにいわれる芸術による「癒し」や心理療法の手段は芸術が内在する力として当然である。それは人格に強い影響をもつものである。

　もちろん,わが国に芸術文化を軽視する風土が,もともとあったという訳ではなく,四季折々の豊かな自然環境に恵まれ,四方を海に囲まれた平和な島国の中で,例えば江戸文化にみられる世界に誇りうる独創的にして絢爛たる芸術を生み出していた時代もある。今,われわれが述べようとしているのは,戦後の価値観の変換の中から生まれてきた文化的状況への批判と克服への課題である。

　フランクフルト市の元文化担当官ヒルマー・ホフマン氏は「日本は芸術を大切にしない。芸術への公的支援が当然のコンセンサスになっていない。それは教育の問題で,子どもの頃から,芸術がいかに大切なものかを上手に教えていかなければ,大人になってもそのようにはならない」と指摘している[5]。

2　企業にとっての文化の大切さ

　戦後における文化的基盤の整備は国が担ってきた。それは税金という形での財源提供を受け社会的資産の整備として学校,図書館,美術館,スポーツ施設,ホールの建設などが手がけられ,経済の発展過程の中から徐々に企業がその存立の理念の体現として文化への投資を行うようになり,国の税制上の支援もあった。国家による文化振興と並行して,日本独特の企業社会のもと,巨大な守護神としての企業を中心とした文化振興へとステージが移ってきた。また,まちづくりの観点からいえば,企業が社員の福祉として文化を整え,提供する時代は過ぎ去り,高学歴で情報化時代の申し子であるわれわれにとって,文化的環境に恵まれた土地が住みたい街,働きたい街の必須の

条件となった。

　われわれは高度経済社会に生活しており，すべてが商品やサービスを媒介とした効率と消費に奉仕する仕組みの中に生きている。しかし，よく考えてみれば，車も服も住宅も生活用品も，人生を豊かに生きる手段，道具に過ぎない。この道具を手にいれて，どのように生き生きとした日常を創っていくかが目的なのである。日本経済の大崩壊に直面しても，今ひとつ深刻にならないのは，基本的に，こうした道具を人びとが手にしてしまっていることによる。道具が目的に適っていないことが問題なのである。深刻なのは消費の不振ではなく雇用と老後への不安である。今，われわれが直面している事態は道具の過剰と，この現実に対する経済構造のズレである。過去の時代に想像しえなかった超成熟社会となり，少子高齢化の現実の中では，さらなる道具の生産と消費の拡大は望むべくもなく，張りのある日常，生活の安定，感動の追求を目的とした経済行動，すなわち教育，福祉，文化を産業化し，安定的な雇用を生み出していくことが重要である。

　道具の製造の優秀さを競っていた時代は去り，人生を豊かに彩る目的に適った企業行動が求められる時代においては，文化的感性こそが最も重要な要素なのである。

　また，芸術文化の尊重は企業の存在証明としての最も重要な戦略たりうるのである。カルティエは現代美術を中核にして，その企業個性に沿う創造性と前衛性と知性をその存在証明とし，ヒューレット・パッカードは現代美術・写真・音楽に取り組むことによって，企業の若々しく，創造的なイメージの創出に成功している。

　企業は20世紀に科学者を受け入れたように，これからは芸術家を受け入れていくに違いない。

　今はデザインといった実用的必要に迫られての受容から始まっているが，もっと根源的な社会を動かしていく理念，精神の体現としての企業文化が不可欠なものとして認識されるに違いない。

3　市民社会における文化のあり方

　前段において，国家中心の文化基盤の整備から，企業社会へのステージの移行についてふれた。しかし，今や，われわれはさらに次のステージに足を踏み入れている。企業中心社会，経済至上主義の中で組織や規律のがんじがらめのために窒息しそうな自我を解放し，主体的な自己を回復する必要がある。マルクスが唱え，サルトルが実存主義の立場から証明しようとした高度資本主義社会での自己疎外の概念は，このごろ語られることは無くなったが，一見巧妙に隠されているものの，その基本的疎外状況は変わらない。そして，その状況を克服し，人が人として実現するためには文化と日常的に接し，精神的な欲求を自足することが必要であり，有効である。

　いま，日本は文化を中心とした生活の大幅な質的，数量的な拡大の直中にいる。とりわけ，神戸においては，震災を境にして，膨大なエネルギーと情熱をもった何十万という人びとがボランティアとして文化を創り出し，広めることにかかわってきた。生きていることを実感できる社会とは，多様な個性をもち，多元的な文化の交流があり，感動を享受できる社会である。芸術文化とは，その根源をなすものであり，生産活動，経済活動は，その根底の上に立ってこそ道具であることから解放されるのである。

　しかし，芸術文化とは，そもそも個々の独創的な表現を追求するものであり，公共の利益の概念に必ずしもなじまない。その時代の概念を打ち破ることにこそ活動の本質があるといっても過言ではない。したがって，文化の育成を，すべて行政の保護のもとに置くことは，芸術の根を絶やすことになる。市民活動の重要な所以である。

　これから微細な存在である個人が文化を担う主体であるとすれば，国家や企業が担ってきた役割を分担する意味において，税制上の仕組みの変更が実現されなければならない。それはアメリカ型の非営利活動の社会的な認知であり，今回成立した特定非営利市民活動支援法，つまりNPO法が積み残した税制上の恩典の実現である。それはタックス・ペイアーとしての権利と義務の再構築である。大衆社会への進展の中でゆとりのある富裕層や，草の根

としての個人レベルでの貢献にまで裾野を広げた財政支援のシステムが必要である。

　アメリカでは建国以来の「小さな政府」の伝統により，芸術分野を含む2万以上の非営利団体が組織され，市民活動として支援してきた。政府は寄付金控除として間接支援する。企業がこうした活動に寄付する場合は，税引き前利益の10％までが控除の対象として認められる。

　アメリカの美術館や交響楽団が国家や自治体ではなくパトロンによって支えられていることはよく知られているが，アルビン・トフラー (A. Toffler) の『文化の消費者』[6]によれば，個人の大パトロンが組織に君臨する時代は終わり，彼らのコントロールが崩壊したとし，約33万人の個人と会社が，国内のオーケストラの支援のために，毎年寄付している。そして，その寄付の85％以上が100ドル未満の金額であるとある。トフラーの著書が刊行されたのが1964年であるので，データとしては今や古いが日本の流れとしては参考になる。こうした市民参加が楽団運営に新鮮な力，熱意，アイディアのうねりをもちこんできた。

　巨大な国家という枠組みの中で，企業が社会を構成する中心であり，個人が従属するというヒエラルキーの構造が，今，逆転しつつある。自立した市民が責任も義務も併せもち「市民力」ともいうべき力を発揮し始めており「静かなる市民革命」が進行しているのだ。

　地域の抱えたいろいろな問題を市民自身の手で，あるいは行政とのパートナーとして取り組む活動は，自立した市民による，あるべき社会を予感させる動きである。政治，財界，官僚という鉄のトライアングルは，巨大戦艦「日本丸」の推進エンジンであったが，乗組員としての市民の立場で考えれば，行政，企業，市民というトライアングルの内実を埋め，豊かにしていくには，分断され孤立した市民が，こうした活動を通じて成長していくことが望ましい。

　価値判断から自由な創造活動を保障するためには，こうした市民活動のような中間組織が社会的に認められその活動に対して市民が積極的に参加し，

その基金に対しては税金の恩典を与えることによって間接的に支援することが望ましい。過去がなければ，現在も未来もない。過去の文化遺産を大切にすることは当然である，とともに未来を切り開いていく創造活動を社会的に根づかせていく社会的なシステムの構築が望まれる。

3．文化支援のための財源をどうするか

1　マンション型コミュニティ財団の必要性について

　芸術文化の支援は，本来は国や，地方自治体に頼ることなく，自分たちでやる気概をもちたい。文化に限らず，自立自助により支えるべき社会を自らが選択していくことが，何より人間に文化という背骨を与えることになる。そのためにも，筆者は，以前から神戸にマンション型コミュニティ財団の設置を訴えてきた。そのことは拙著『蝙蝠・赤信号をわたる』[7]に書いているのでこれ以上ふれないが，1992年に発足した公益信託・亀井純子基金[8]と1995年に発足した神戸文化復興基金[9]，双方の事務局長を務めている経験からも，前段のインターミディアリーな市民活動を支える社会的な認知と，それを具現化したファンドの設立が急がれる。

　今，設立を急いでいる「しみん基金・KOBE」は，そのひとつの可能性を探るもので，1998年末に成立した「特定非営利市民活動支援法案」の果実として，草の根の市民の寄付から，企業の支援，行政の助成まで幅広く基金としての受け皿を準備し，審査委員会での公開審査をへて市民活動を支援しようとするものであり，神戸青年会議所が参加の意向を示したことによってにわかに現実となった。

　1999年7月12日に設立総会を開催，2000年1月4日に正式にNPO法人としての認可を受けた。財団ではないので当期の収入を事業助成に当てる自転車操業で初年度は3000万円の助成をめざす。筆者も審査委員の1人であるが，1999年12月1日に第1回の公開審査会があり15団体に1000万円の助成を決めた。市民活動団体と地元青年会議所が手を携えて設立した経緯，それを

NPO法人として運営すること,ここでは詳説できないが資金獲得のユニークな手法など時代を先取りした実験である。是非,大きく育てていきたい。

しかし,筆者が考えているマンションとしての共同住宅における各部屋の独立性の尊重が後退し,全体としての規律,すなわち大家族の共同生活としての側面が強調されているのが課題として残る。

もうひとつ,兵庫県ボランティア支援センター構想とのかかわりの中で検討されている「コミュニティ基金」構想については,非常にオーソドックスな構想であり,「資金交流市場」という考え方を導入し,ほぼ筆者の理念に近いが,もっとも肝心な基金をどう集めるか,それに企業や行政がどのようにかかわるのかが明瞭ではない。いろいろな基金があることは望ましいことではあるが,まだ寄付の文化が育っていない現状において,競争し切磋琢磨する以前の課題として,両構想のすり合わせと役割分担の確認が必要ではないか。

2　企業メセナ協議会関西支部への試案

企業メセナ協議会は,文化庁から「公共法人,公益法人等その他特別の法律によって設立された法人のうち,芸術の普及向上に関する業務を行なうことを主たる目的とする法人で,公益の増進に著しく寄与するもの」として認可を受け,1990年2月に設立された。企業のメセナ(芸術文化支援)の活性化をめざす,わが国初の企業の連合体(社団法人)である。

企業財団も公益信託も原則として基金の収益,または寄付金で助成事業を行うのであるが,現在のような超低金利では運用益だけでは事業を行うことは不可能である。

したがって事業継続のためには寄付金に対する免税措置が大きなインセンティブになるのだが,実際には特定公益増進法人(法人税施行令77条)による指定を受けているのは約2万5000の公益法人のうち974件(3.9%)にすぎず,このうち芸術文化の普及向上を目的とする法人は42件にすぎない。この中で1994年に㈳企業メセナ協議会がこの資格を得たことは,認定事業方式に

より幅広く恩典が及ぶことでもあり，画期的である。認定事業方式とは，企業メセナ協議会が公益の増進に著しく寄与すると認定した活動に対して水戸黄門のお墨付きのごとき特定認定事業としての認定書を発行し，申請した本人が企業や個人から助成を求め，結果として寄付行為者は，ある条件のもとに免税処置を受けることができる。メセナ協議会自身は助成金を出すことなく，こうして集まったお金をスルーさせるだけである。

協議会が助成認定した芸術活動への助成金額は96年度において544社，5億6000万円に達している[10]。このスルー方式はきわめてユニークな制度である。特定公益増進法人の資格を得ることは至難の技である。ならば，この制度の恩恵を最大限に利用したい。

現在，この事業認定を受けるためには東京の企業メセナ協議会へアクセスしなければならない。このハードルは決して高くないのだが，地方の文化関係者にとっては，やはり距離感はある。筆者の提案は，企業メセナ協議会の西日本支部を神戸に置くことである。別に北日本の支部が北海道にあっても，かまわない。

協議会が西日本支部に難色を示す最大の点は，京都，大阪を拠点とする大企業がすでに企業メセナ協議会の会員であり，いまさら西日本に拠点をもつメリットがないということだ。しかし，協議会の支部を関西に置くことによって会員そのものの一層の拡充が期待されるし，なにより大阪コミュニティ財団とともに，関西における企業メセナ活動を進展させる起爆剤になりうると考える。

3　経済の文化化，文化の産業化

これからの厳しい時代を，さしたる資源も，産業もない神戸が生き抜いていくには，豊かな創造性に支えられた文化が生み出すオリジナリティのある商品，製品，人材，景観，空気などが地場産業としての日本酒，菓子，ケミカル，グルメ，真珠，観光を支え，ファッション，情報産業などに高い付加価値を与える以外に方法はない。その具体的な施策については，拙著で具体

的に指摘したので繰り返さないが，ここではさらに一歩ふみこんで文化がもつ経済効果，雇用効果についてふれておきたい。この延長線上にはコミュニティビジネスとしての芸術文化の可能性があるが，ここでは社会的インフラとしての文化の検討にとどめておく。

従来は芸術文化や福祉は義務的経費で，消費するばかりで何者も生産しないと主張されてきた。

しかし，こうした一般的風潮は誤りであり，むしろ投資的経費と考えるべきであるという研究が進みつつある。

福祉の分野では岡本祐三（神戸市看護大学教授）が「福祉こそが経済を開く」[11]において介護保険制度によって医療が温情主義から，気兼ねなく社会的サービスを求められる方式に変わったことを指摘，新消費層として登場してきた高齢者の消費に日本経済は大きく依存し，高齢者福祉に前向きに取り組むことが地域の経済循環と活性化を可能にすると説く。

そして下林宏吉（茨城県鹿行地方総合事務所次長）は自治省発行の「地方財政」（1998年5月）において，高齢者福祉への財源の投下は従来型の建設投資よりも高い経済波及効果ととくに顕著な雇用創出効果，そして介護サービスを利用することにより新たに多数の労働力も生み出すことを詳細に実証している。

こうした研究を受けて，森定弘次（社会福祉法人・神戸聖隷福祉事業団理事）は「福祉への投資の方が経済・雇用に効果的」[12]の中で兵庫県の産業連関表を基に分析した結果として，1000億円の公共投資を従来型の道路・土木などの公共工事に使う場合と，福祉の領域に使う場合を比較して，福祉への投資は経済波及効果においては，わずかに，雇用誘発効果については2.5倍も公共工事よりも上回ることを検証された。さらに，この経済波及効果は域内にとどまることにより，地域経済への貢献度はより高いことも指摘されている。この点については下林の茨城県における試算とも一致している。さらに米本昌平（三菱化学生命科学研究所室長）は「知価社会を実現するために」[13]において，真理探究権は基本的人権であるとして，「研究こそは人間

最後の最高の道楽である。(中略)個人が行う消費としての研究を刺激し鼓舞することで,新しい市場を創出しよう」[14]と呼びかけ,自主研究費控除という減税措置を認めさせるまで国の学術研究費相当分の所得税不払い運動を行おうと過激に提案している。

「高齢化と同時に情報化が進むこれからの社会にとっての政策課題は医療,福祉であり,健康であり,環境であり,文化である。だとすれば,飽和状態になった自然破壊的な道路やダムの建設から,個人参加型の観測実験装置,生産・環境・福祉などのデーター収集や編集作業への投資という形で地方の知的資本を蓄積していくことである。それは同時に,個々人の研究活動という省資源省エネ型の消費を刺激することになり,環境に負荷のかからない形での経済の循環が始まることになる」[15]と説く。

米本論文は職業研究者に託してきた真理探究権を個々人自ら行使しようという刺激的な論旨できわめて興味深いが,これを芸術文化と読みかえれば,拙著の「生き生きとした芸術都市づくり」[16]において創造が創造を生み,そこから新たなる創造がまた生まれる,創造連鎖の仕組みをつくるために,コミュニティ財団設立と減税措置が必要であることを述べた点が重なる。

以上,福祉が経済を担うという論証を紹介してきたが,もちろん芸術文化の分野も,単なる公的資金の受給者としてとどまるわけではなく,成熟社会に対応して経済効果も雇用効果ももっていることは当然である。

例えばニューヨークは,1980年代に経済の停滞に伴う荒廃がすすみ,治安の悪化,人種の対立などを抱えた問題都市であったが,思いきった芸術文化を中心としたまちづくりが成功して劇的に魅力的な街に変わった。そのニューヨーク州内で95年度に芸術産業が生み出した経済波及効果は約2倍で134億ドル,17万4000人の雇用を生み出し,4億8000万ドルの税収を生み出したとしている。

また同じ年に日本の文化庁が実施した芸術文化産業における産業関連表における経済波及効果は概ね1.8倍であり,その波及効果は第3次産業に集中して生じる傾向があり,さらに地域内の産業に波及が多いとしている[17]。

基幹産業としての製造業が衰退し，空洞化しており早急な産業構造の転換が迫られている神戸市では，恵まれた自然環境，明るく先端的な都市イメージにふさわしい芸術文化産業を育て，その都市インフラの整備をすすめることがきわめて有望であることが推察されるのである。

注
1) 塩谷（1995）
2) アート・エイド・神戸文学部門編（1995，1996，1997）
3) アート・エイド・神戸編（1995）
4) アート・エイド・神戸の活動記録集『すべての地に陽は昇る』はVol. 1〜3が発行されており，活動の詳細が記録されている。
5) 企業メセナ協議会（1997b）p. 10
6) アルビン・トフラー（岡村訳）（1997）
7) 島田（1997）
8) 「公益信託・亀井純子基金」若い芸術家の創造活動を支援するための全国初の草の根市民メセナ。1件概ね20万円の活動助成を5〜7件/年を行う。基金残高約1700万円。理事長亀井健。事務局は海文堂書店。
9) 「神戸文化復興基金」アート・エイド・神戸の活動を支えるための基金。全国からの文化復興支援のための寄付の受け皿。理事長伊勢田史郎，事務局は海文堂書店。
10) 企業メセナ協議会（1997a）
11) 岡本（1998）pp. 52-64
12) 森定（1999）pp. 67-72
13) 米本（1999）pp. 54-63
14) 米本（1999）
15) 米本（1999）
16) 島田（1997）p. 210
17) ㈶阪神・淡路大震災協会「阪神・淡路地域における活力あるまちづくり推進調査」pp. 14-16

参考文献
アート・エイド・神戸編『鎮魂と再生のために―長尾和と25人の詩人たち』風来舎，1995年
アート・エイド・神戸文学部門編『詩集・阪神淡路大震災』海文堂書店，1995年

アート・エイド・神戸文学部門編『詩集・阪神淡路大震災（第2集）』詩画工房，1996年
アート・エイド・神戸文学部門編『詩集・阪神淡路大震災（第3集）』詩画工房，1997年
アルビン・トフラー，岡村二郎監訳『文化の消費者』勁草書房，1997年
岡本祐三「福祉こそが経済を開く」『世界』1998年11月号
企業メセナ協議会『メセナ白書』1997年a
企業メセナ協議会『季刊メセナ』No. 29，1997年b
塩谷陽子「芸術家救援，日米の格差」朝日新聞（朝刊），1995年3月20日付
島田　誠『蝙蝠・赤信号をわたる』神戸新聞出版センター，1997年
森定弘次「福祉への投資の方が経済・効用に効果的」ブックレット『神戸空港は希望の星か？』鹿砦社，1999年
米本昌平「知価社会を実現するために」『中央公論』1999年4月号

10

地域づくりとNPO
――参加型社会の形成をめざして
　伊賀上野,箕面のまちづくり活動の事例から

1. はじめに

　今,各地域で「市民参加の仕組み」づくりが模索されている。しかし,「市民参加」という掛け声の大きさに比べてその実質は必ずしも明快ではなく,旧態依然とした行政への市民の巻き込みがいまだ主流を占めている感すらある[1]。市民の成熟と主体確立,行政の公共性開放と行政改革という課題を双方に抱えており,それぞれの側からの「小さな」実験＝実践を組み上げていく以外に,市民「参加」が実体化することはないように思われる。本章では前者（＝市民）の側面から,「参加」が地域・コミュニティにおける市民のガバナンスであることを述べ,さらに伊賀上野,箕面の市民活動・NPOの事例を通して,新しい市民参加のあり方＝参加のスタイルを展望する。また地域・コミュニティにおいて市民,NPOの「参加」を支えるインターミディアリー組織としてのコミュニティ・シンクタンクの必要性,役割についても考察する。

2. 地域づくりNPOの位置

1 「地域づくり」NPO

　地域づくりNPOとは,まちづくり,地域興し,開発あるいは開発抑制,環境,福祉,教育,文化,人権,マイノリティ,平和,安全,交通,産業等

の地域づくり課題に対して,住民・市民が課題を発見し自発的,自律的にその解決を図っていこうとする,地域に根ざしたNPO[2]である。

地域づくりNPOにはさまざまなパターンがある。ひとつには反公害や環境保全運動などの抵抗運動の中から生まれ,次第にまちづくりというテーマを発見するという過程をたどったもの(例えば小樽運河埋立反対運動からまちづくりへ,湯布院のまちづくり)。また,地域に根ざしたコミュニティ活性化活動や福祉活動から出発したもの(例えば奈良まちづくりセンター,谷根千工房,ケアセンター成瀬),あるいは再開発・防災などのまちづくり協議会の系譜(例えば神戸,豊中,世田谷のまちづくり協議会)がある。さらに,これらの属地的な活動に対して,テーマを特化して地域に縛られない活動をする市民活動(テーマコミュニティ)も盛んになっている(例えば環境市民,気候ネットワーク)など多様である[3]。

組織形態に関しては,NPO法人格の取得意向は(1999年6月末,シーズ等調査)[4],「まちづくり」分野は29.8%(複数回答)で第2位となっていることから,地域づくり団体はNPO法人格による組織確立志向が見られる。

2　地域づくりNPOに関する論点

まちづくり,地域づくりNPOは,自発的な,志ある者の活動であるが故の課題を背負っている。その論点を次に整理する。

① 地域づくりNPOの正統性,代表性の問題

地域づくり市民活動・NPOは,地域の全員加盟制の組織ではなく,法的な手続きによって代表性を付与されているわけでもない。一般には問題・課題に気づいた人が解決のために自主的に結成したものであり,活動内容には公益性が認められても,世論以外の認証はないのが基本である。このことから,地域における合意形成,意思決定の正統性が,議会との関係などで問われることがある。ことにまちづくり系の活動は,各種規制や財産権・所有権を問題にすることが多いことから,大きな論点となる場合がある。この問題は,言い換えれば地域づくりNPOの責任性の担保の問題ともいえる。

② 地域づくりというテーマの広がりと総合化の問題

地域づくり課題は，まちづくり，過疎対策，地域興し，産業振興から，まちのアイデンティティづくりまで幅が広い。手法も，イベント，研究会から，事業化等さまざまである。これらを一括して考えるのには少し無理がある。一方，コミュニティにかかわって地域づくりを行おうとすれば，福祉，環境，居住，文化から交通，情報まで，地域を総合的にとらえる必要がある。このひとつの試みとして，現在，NPO政策研究所が取り組んでいる「コミュニティ総合政策」5)づくりは，「行政と住民，また，住民相互の対応関係を通じて，生活空間の地域性・共同性の回復をめざすこと」をかかげて地域課題の総合化に取り組んでいる。

また，領域の広さと深さは専門性の必要につながる6)。

③ 活動の発端と目標の変化

地域づくりという大きな目標をめざす場合，具体的ターゲットは時とともに変化する。始動時の活動目標にとらわれることなく状況に機敏に対応し，活動を変化させていくことが求められる。そのためには，つねに団体のミッションの問い直しが必要となる。

④ "まちづくり"における「上から（都市計画）」と「下から（まちづくり）」の二極分解

都市計画は「全体」の視点から立てられており，まちづくりは「地域」の課題解決を優先させるといわれるが，マクロの最適解とミクロの最適解は異なるのが一般的である。この均衡は通常両者の力関係によって決まるが，この問題はさまざまなレベルで起こる。

ところで，上記の正統性に関しては開かれた場づくりと新たな市民参加システムの構築が，広さ深さに対しては専門性をもった中間組織が，目標の変化に対してはNPOの自己評価が解決の方向であると指摘できる。

3 本章における事例の扱い

本章では，参加型社会への道程の事例として三重県上野市と大阪府箕面市

における市民活動を取り上げた。これらを取り上げた視座は，必ずしも先進性やユニーク性によるものだけではなく，むしろごく普通の市民活動の発展プロセスから地域づくりにおける市民活動やNPOの"かたち"を探っていこうとしたからである。

3．参加型社会への戦略

1　参加システムの転換

⑴　コミュニティ・ガバナンスとしての市民参加

①　市民参加の相転位

　市民参加は1960年代半ば，高度経済成長の歪みによる社会問題が顕在化した頃から，一部の自治体でその対処として取り組まれ，大都市圏を中心とした先進地域で実験的試みが始まった。秋元政三はこうした市民参加の流れの中から，①施設建設などにみられる個別参加方式，②まちづくり総合計画への包括的市民参加形態としての市民委員会などの誕生，③計画策定後の執行・実現段階では，地域市民の新しい組織によるコミュニティ施設の建設と運営というコミュニティ自治形態が生まれてきた[7]，としている。約10年前の総括であるが，すでにこの時点においても政策提言や事業におけるパートナーシップの萌芽があったことが指摘されている。とくにコミュニティ・センターの運営において住民によるコミュニティ自治の試みが広く行われたが，旧来の地縁組織のみに依拠したところと開かれた運営を試みたところでは自治の実質に大きな差異が生じた。

　その後の状況を新川達郎は，「1990年代以降において，住民参加の含意は，地方自治体行政における政策決定への参加を意味するだけではなく，行政と住民との共同決定や共同活動が課題となる。（中略）住民自身による社会参加が重視され，行政活動領域とは区別可能な公共的な活動領域が民間部門の活動によって支えられる必要についての合意が形成されるようになってきた」[8]として，行政と住民の共同決定や共同活動が現実のプロセスとして

登場してきたことを指摘している。このことは，公共領域は行政の独占物ではなく，民間（市民活動，企業等）と行政が共同で，あるいは民間のみが担う公共領域もあるということが一般に認知されてきたということの現れであり，「公共性」の構造転換が可視化してきたということができる。市民公益活動・NPOの活動フィールドはこの「開かれた公共領域」にあり，公共的・公益的サービスを担う主体としての役割が社会的に認知され始めてきている[9]。

　この背景として荒木昭次郎は，①市民たちは選挙だけでなく，議員の日常活動にも関心をもつようになってきたこと，②多様な専門的知識と技術を身につけている生活者が，生活の場における自己実現として身近な政治，行政への働きかけを行いつつあること，③このような地域社会の変動の影響により，自治体の政策形成や執行過程も大きな変化（行政改革）を余儀なくされていること，などをあげており[10]，市民の自立が行政の公共領域開放に効果的な圧力として働いていることを示唆している。

②　市民参加とガバナンス

　一方，住民参加は新川によれば「住民の自発性を基礎とした政治参加であって，地方自治体の活動に影響を及ぼそうとするもの」[11]とされ，住民参加自体がおのずから政治過程そのものとして現れることを示唆している。選挙等の法制度に依拠した住民参加だけではなく，地域における公共的・公益的サービス供給を含む地域運営のあり方全般も，市民活動の領域であれある種の政治性をもたざるを得ないのである。

　このことは，逆にいえば市民活動が行政との接点をもつときに（要求にせよ，提案にせよ），一般に市民側は行政の意思に対してあくまで「外部的に（参考として，一部の市民の声として）」発言が可能であるにすぎないこと，それを共通の土俵に乗せるには議会を通すなど数少ない制度を使いこなす以外にはないことに現れる。篠原一がいうところの「市民参加によって最初に突き当たるものは権力」[12]であり，「現実の民主主義政治体制は，権力と参加を両極とする線上のいずれかの地点に位置している」[13]とすると，位置を

「権力」から「参加」寄りに変えていくこと自体が「政治」そのものなのである。つまり，市民参加を進めること自体が政治的行為となる。ここに「市民参加システム」が議会という代表制民主主義制度と新たな共棲関係をつくりあげる必然性と必要性が見いだせる。

議会制を通して社会的意思決定に関与するという市民参加の形式は，①投票に加えて，候補者を自分たちで生み出そうとすることおよび地域を二分する争点に対しては住民投票で決しようとする志向が含まれ，②ロビイング活動は，議員を政策の提案者（代弁者）とするべく影響力を行使しようとすることおよび議員の政策形成をバックアップするという志向が含まれる。

いずれにせよ，市民参加は地域社会における政治の一形態であり，地域のマネジメントであるよりはむしろ結果責任を問われるガバナンスに近いものであると考えられる。これはローカル・ガバナンスの本源的意味である市民によるセルフ・ガバナンスであり，権力や権威という縦型の統治システムによるのではなく，さりとて市場メカニズムを唯一の利害調整手段とするのでもない，コミュニティにおける意見や利害の調整をし自発的にルールが守られるような社会的合意形成システムをどう作るかという，「コミュニティ・ガバナンス」[14]の問題でもある。

(2) 参加プロセスの深化と広がり

アーンスタイン（Arnstein）が市民参加のレベルを8つの梯子にたとえ定式化したことはよく知られているが[15]，ここでは，田村明が提起している運動論的な「市民参加」「市民協働」「市民主導」「市民主体のまちづくり」という階梯[16]を縦軸（時系列＝進化＝深化）として，辻山幸宣の住民参加の3類型「公共サービスの消費者としての立場での参加」「自治体の構成者としての政治的参加」「地域共同の課題を解決するための活動に参加する，いわゆる地域自治への参加」[17]を横軸（主体性の広がり）とし，両者のクロスセクションにより参加のプロセスを示すと，表10-1のような内容例を示すことができる。参加の深度が増すほど「公共サービスの消費者」から「地域自治への参加」の内容が豊かになってくることが浮き彫りにされる。

表10-1　市民参加の深化・広がりとその内容

市民参加の深化 ＼ 市民参加の広がり	公共サービスの消費者	政治的参加（決定への参加）	地域自治への参加
市民参加	サービスの要求，評価課題，社会的ニーズの発見	投票，陳情，請願議員に意見を言う	ボランティア，ワークショップ，公聴会，各種委員会
市民協働	課題の調査，サービスの提案消費者市民からの脱却	議員立法・ロビイング政策提案	公共サービスの共同事業化グランドワーク方式
市民主導	サービスの（役割）分担，行政の役割の見直し行政の市民参加	市民立法立候補議員の政策立案の支援	市民事業・市民研究への参加公共サービスのビジネス化，NPOへの委託まちづくり会社（TMO等）
市民主体のまちづくり	サービスの再構築，調整行政のあり方の見直し市民の自立	市民立法地域コーディネーターとしての議員コミュニテイボード（委員会）	公共サービスの企画，実施行政のコントロール・活用地域まちづくり協議会

2　市民参加の制度インフラ──箕面市市民参加条例を例に

　基礎自治体における市民参加のシステムには，法的な根拠に基づいた権利としての参加（請願，直接請求，住民監査，住民投票，住民訴訟，公聴制度，情報公開など）と，法的な裏づけはないが手法的によく使われるもの（アンケート，ヒアリング，説明会，懇話会，フォーラム，ワークショップなど）がある。市民参加システムは，これら両面から整備され，それぞれが補完し合うことによって社会的インフラとして実効をあげることができる。江藤俊昭は，住民参加からパートナーシップ型政策決定には，①実質的な住民参加の制度化，②その事務局となる総合的な窓口機関の設置，③参加者を補助する住民の立場に立った専門家の活用の制度化，の3つの条件があるとしているが[18]，このうちの①の条件にあたる市民参加を制度的に（条例で）

保障している箕面市市民参加条例を取り上げる。

　大阪府箕面市は，1997年（平成9年）4月1日施行の「箕面市市民参加条例」を制定した。この条例は，橋本卓市長によれば，「市民参加の基本理念を市民と行政がしっかり共有し認識しておく必要があり，まちづくりにおいて市民参加を推進する基本的な理念と市民の行政への参加の仕組みなどの基本的な事項について条例として定め，市行政のそれぞれの事業分野における市民参加手法はこの条例の目的に沿って創意工夫して取り組んでいく」[19]ことを目的としたもので，市民ニーズの多様化・高度化，提案し行動する市民の増加，地方分権の流れなどを背景に，市民自治を実現するにあたって市民参加を市政運営の根本に据えることをうたったものである。

　市民からの政策提案についても「本来政策提案能力をもつ市民の側からも，まちづくりの課題やその解決方策について具体的な政策提案を行い，市民と行政が政策合意を図り，協働してまちづくりに取り組むことが重要」[20]という認識を示している。この考え方は，第2条で市民参加の定義を拡張して，「この条例において「市民参加」とは，市の意思形成の段階から市民の意思が反映されることおよび市が事業を実施する段階で市と市民が協働することをいう」[21]と「市の意思形成過程の段階から」の参加を明確に規定していることに具現化されている。これを受けて「市民参加の機会の保障」「行政や情報の公開」「付属機関の会議の公開，市民委員の公募」などの条項となってさらに具体化している[22]。例えば，会議公開の規定に基づいて市の付属機関31のうち21が公開，5が一部公開，準ずる機関では29のうち22で会議が公開されている。また，市民委員の公募規定に基づいて「景観審議会」「総合計画審議会」「箕面市非営利公益市民活動促進委員会」など付属機関で12，準ずる機関で9が市民委員を公募している[23]。

　また，この条例の第8条に「市民投票」に関する条項があり，地方自治制度における代表民主制を補完する意味で，市民の市の意思決定への直接参加機会が制度的に保障されていることが注目される。ただし，市民投票の結果が市および市議会の意思を直接的に拘束するものではなく，むしろ市民の意

思を表する機会と見るべきであろう。

　ともあれ，このような条例による市民参加の制度的保障は，必要条件であっても，それだけで十分な参加の実質を作り出すものではない。箕面市においても，条例制定から約3年が経過したが，現実的に効果的なプログラムがあまねく組み立てられているわけではない。今や付属機関等の市民枠に公募制を取り入れる自治体は多く，そのほとんどは条例ではなく要綱や規則で対応していると見られる。その意味ではこの条例の実効力が問われるが，ややもすれば起こりがちな行政当局の恣意による判断に歯止めをかけることができることは評価できる。要は，個別の事例ごとにどれだけ具体的な参加プログラムと成果の反映システムを用意できるかである。市民の実質的な参加・参画なくして制度やプログラムは意味をもたない。そのためにも，制度やプログラムをつくるプロセスが参加型であるかどうかが，その後の帰趨を大きく左右すると思われる。

　この条例のように市民参加システムが制度化されることによる効用は大きいが，同時に参加の動きのダイナミズムを失う恐れがないとはいえない。篠原の言うように，「市民参加が長い生命をもつためには……運動の制度化と制度の運動化という2つのプロセスがつねに循環しなければならない」[24]のである。

4．地域づくりNPOと「参加」

　参加型社会の形成にあたっては，市民が行政機構や行政サービスに参加するだけでなく，市民自身が公共サービスの担い手として登場することが不可欠であり，その担い手としてNPOが期待されている。ここでは地域づくりNPOのいくつかの事例から，新しい参加のスタイルを浮き彫りにする。

1 地域づくりNPO (1)——伊賀上野の事例から(まちづくりNPO「ウィリアム・テルズ・アップル」)

地域づくりNPOの一例として,三重県上野市を拠点とするまちづくりNPO「ウィリアム・テルズ・アップル(以下,〈WTA〉と略記)」(代表:中村伊英)を取り上げる[25]。

① 発足の経緯

〈WTA〉は,上野市で1996年に設立されたまちづくりNPOである。伊賀上野は世阿弥・観阿弥や松尾芭蕉の生誕の地,あるいは忍者の里として知られている,歴史的・文化的資産の豊かな地域である。一方,近年都心部の空洞化が著しく進行している。伊賀地域は三重県最西部にあり,文化圏としては関西圏である。

上野市旧市街部で和菓子店を営む中村伊英氏らが,地域の課題解決を行政サービスにぶつけるだけでは済まない時代の流れを感じ取っていたところ,阪神・淡路大震災に出会い,行政に頼り切っていた市民が自立した市民として主体的に社会にかかわるべきではないかという認識をもったことに始まる。

従来型のまちづくりに対して生活者の手によって社会システムそのものを再構築するという「総合的まちづくり活動」をめざしたものである。このときに,従来型の組織が個人の自発性をうまく受けとめられないことから,「住民から市民へ」というコンセプトにたどりついたという。〈WTA〉は「市民自らが自立し,自発的な行為を相互に補いあって組み立てる,社会システムのキーステーション」と自称する。

② 活動概要

〈WTA〉の活動の主軸は次の2つである。

第1に,ボランティア団体の事務局機能の代行,例えば電話の窓口,文書の発送等。

第2に,社会で不足していると思われるサービスを行うボランティア団体を発掘し,支援すること。社会,行政,地域活動への提案,イベント等の企

画運営など。

　そのほかに，市民活動グループの情報発信のサポートもしている。
　これらを具体的に実行に移すために〈WTA〉は事務所機能を重視しており，発足時には商店の倉庫を間借りし，のち木造民家の空き家を活用した事務所を1997年3月に確保して，「ウィリアム・テルズ・アップルまちづくりセンター」として，専任の事務局員（1名）を置いている。この空き家の活用というアイディアは，彼らが1996年7月にアメリカのピークルス市を訪れ，地域再活性化策「アート・スペース・プロジェクト」を視察したことにヒントを得ている。このプロジェクトは，空き家，空き店舗などにアーティストを誘致し，住居兼アトリエとして使ってもらうというアイディアで，7年で100人ほどのアーティストが移り住んだ。その事例から今あるものをまちづくりに活かすことを学んだという。「まちづくりセンター」にはギャラリーを併設，現代の井戸端空間をめざしている。

　自主活動としては，「まちかどギャラリー」「エイブルアート展」「空き家，空き店舗の活用」「演劇釈迦内柩唄上演会」「まちかど地蔵盆協賛イベン

ウィリアム・テルズ・アップル「まちづくりセンター」

ト」「あっぷる通信発行」「NPO ネットワーク」等を行っている。

　また，事務局の代行をしている団体は演劇，廃食油リサイクル，国際交流，障害者活動，震災ボランティア，骨髄バンクなど。他に活動を支援する団体も，障害者運動，介護，環境から「ブルース伊賀の乱（ジャズフェスティバル）」まで多彩である。

　一方，三重県の NPO 振興構想，地域の自治体の委員などへの参加機会も多く，行政とのかかわりにも積極的であり，行政を内部から変えていくことを志向しているようである。

　1998年9月の伊賀地域の NPO 交流会「伊賀の国　市民活動交流会 IN 赤目の森」などの事務局を引き受けるなど，伊賀地域を核に三重県，あるいは三重，滋賀など県境を越えた NPO，市民活動のネットワークの核ともなっている。1997年の日本海重油災害時には情報の核となり，広く県内の団体をコーディネートした。

　③　〈WTA〉のフォーメーション

　これまでは，〈WTA〉の事務局としての「まちづくりセンター」という形であったが，1999年秋以降は，NPO としてのグループ〈WTA〉と，市民活動を支援する"機能"としての「まちづくりセンター」を分離した。〈WTA〉も事務局をまちづくりセンターに預けるという形をとった。〈WTA〉の活動を市民活動支援センターとしての役割から切り離し，動きやすくするためである。

　それぞれの役割・目標および会員の種類を表10-2に示す。

表10-2(1)　〈WTA〉と「まちづくりセンター」の役割・目標

	役割・目標	会員の種類
〈WTA〉	・自己実現をめざす個人の集まりで，ゆるやかなネットワークを組んでいるグループ	オペレーター会員 サポーター会員
まちづくりセンター	・各種市民活動団体の事務局の代行 ・個人の提供できる能力の発掘とそれを必要とするニーズとをつなぐ ・まちづくりセンターを活用した地域住民のコミュニティの場	プレイヤー会員

表10-2(2) 〈WTA〉と「まちづくりセンター」の組織構成

会員の種類	内容	
オペレーター会員	会費を納めて，会の企画・運営に参加する個人。議決権あり	約70名 1999年11月現在
サポーター会員	自主的に運営される非営利活動団体あるいは活動する個人を支援する個人	
プレイヤー会員	自発的に社会貢献活動を行い，まちづくりセンターに事務局機能を委託する団体（24団体，1999年11月現在）	

(出所)　「アップル通信」6号より作成。

　当初は，〈WTA〉の事務局をハブとした単一のネットワーク型組織であったが，現在は，「まちづくりセンター」にネットワークのハブ機能をもたせ，〈WTA〉がまちづくりセンターを通してネットワークにつながる諸団体をサポートするという重層的な構造となっている。

　また，ネットワーク機能を情報発信経路として非常に大切にしている。情報を流すネットワークは約200人で構成されており，例えば，イベントや機能についてアイディアが出れば，ネットワークを通じて情報を流し運営スタッフを募る。最初は事務局で情報を発信・集約していても，プロジェクトが動き出せば事務局とは別に主体的に動く人が現れてくるという。このような動きでできたのが上記の自主活動や活動支援団体である。

　なお，資金的には会費，寄付が主たる収入源である。

　④　〈WTA〉の「参加」のスタイル

　〈WTA〉はプラットフォーム的な組織であるため，異なるジャンルや目的の組織をうまく組み合わせて，地域のさまざまな問題を認識し解決を図ろうとする人びとと人や技術，資源を結びつけることが可能になっている。なかでも，〈WTA〉とまちづくりセンターをハブにして，自立したボランティア組織，市民活動組織がネットワークされている（図10-1）ことは注目に値する。この点は，〈WTA〉がプロジェクト過多に陥らず，しかもプロジェクトの主体性と責任が明確になるように組み立てていく工夫であろう。同時に，個人の想いを反映できない組織ではいけないという問題意識のうえ

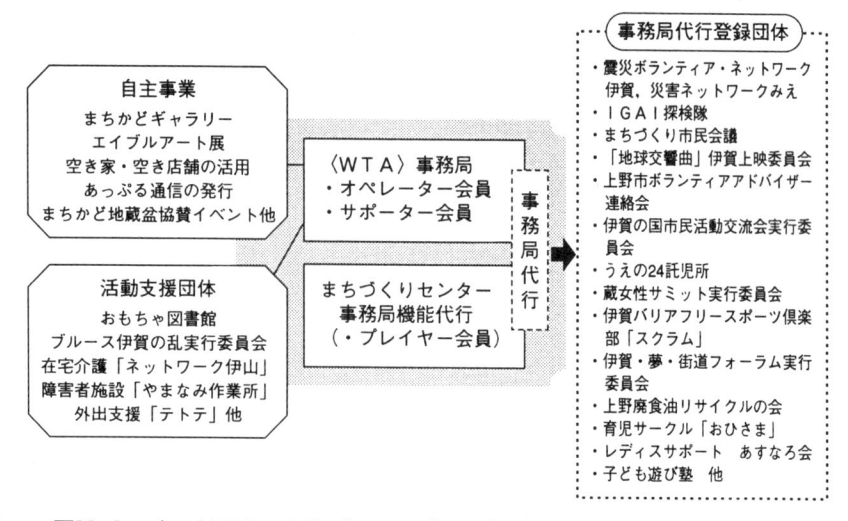

図10-1 ウィリアム・テルズ・アップルのネットワークのフォーメーション
(注)「アップル通信」等より筆者作成。

に，このような新しいシステムが模索され，構築されたものと思われる。

このような組織構造は，まさしく「参加」を誘発する仕組みをもっており，〈WTA〉とまちづくりセンターが新しいプロジェクト（事業）を提案する（起業）ためのインキュベーターとしての役割を果たしている。これが，〈WTA〉の「参加」のスタイルの特徴である。

2 地域づくりNPO (2)——箕面の事例から

(1) 箕面文化ファーム

〈箕面文化ファーム〉は大阪府箕面市で活動する，「文化のまちづくり」，「市民からの政策提言」，「市民のネットワーキング」を活動目標とする政策提言型の市民活動である。

① 発足の経緯

〈箕面文化ファーム〉の前史は，1992年5月に市の呼びかけで，箕面市の文化行政や市民文化状況へ提言するために公募市民20名で「箕面市民文化懇

話会」が発足したことに始まる。同懇話会は1992年度末に箕面市の文化行政のあり方に関する提言を行ったが，提言書作成のプロセスでは参加メンバー自身がアイディアを出し，執筆も含めて「提言書」にまとめあげた。ここに，活動内容を参加市民自身が自主的に決めながら進むという，行政呼びかけ型市民参加の新しいモデルをつくった（行政はきっかけづくり，活動目標・内容は参加者自身が決定，実施）。

「市民文化懇話会」の解散（1996年）後，その活動スタイルを継承しながら"文化のまちづくり"をテーマとした自立した市民グループとして〈箕面文化ファーム〉が1996年9月に発足した。組織イメージとしては，「ゆったりして，しっかりとした変幻自在な人々のあつまり。しなやかで，あそびごころをもった自由な人々のあつまり」と呼びかけに述べられている。ある目的を定義するのではなく，活動の流儀，組織原理が目標のように見える活動であることがわかる。

② 活動概要

活動の柱は，①地域の課題を市民，行政が議論し合える開かれた「場」づくり，②文化の切り口からのまちづくり提案であり，この柱に沿って，これまで市民文化フォーラム，公開セミナー，市民活動を考えるフォーラムなどを開いてきた（テーマ例は表10-3）。フォーラム，セミナーでは，地域の政策課題であるテーマを選び，パブリックな討議の場としての公共圏[26]づくりをめざしてきた。

3回シリーズで行われた「これからの市民活動を考えるシリーズ・フォーラム」は，箕面市が1999年3月議会に提案した「箕面市非営利公益市民活動促進条例（案）」に対して，市民側からのカウンターフォーラムとして討論の場を設定したものである。行政主導の条例制定の進め方の問題を検討し，かつ制度化を急ぐのではなく，プロセスを重視して箕面におけるNPOの必要性，役割をより根元的なところから考えようという提案である。市民活動に関する条例であるから，市民イニシアティブで議論の場を設けることが提案型市民活動の役割と考えたから開催した[27]。

表10-3 〈箕面文化ファーム〉のセミナー，フォーラムのテーマ

●市民文化フォーラム・公開セミナー（1996.12〜1998.1）		
（フォーラム）「文化のまちづくりと市民参加」 （セミナー）「文化のある暮らしと人間（阪神・淡路大震災と暮らしの連続）」，「市民がつくる文化政策（地域と文化）」，「市民参加のまちづくり—高知・豊中・箕面」，「明日のみちづくり・まちづくりを考える—自動車依存社会の見直しに向けて」，「箕面のなりわいと文化　パート1」（箕面市内の商業者，コミュニティFMなどが参加），「箕面のなりわいと文化　パート2」（箕面市・茨木市の商業者，企業人などが参加），「地域をつくる市民活動—コミュニティづくりから政策提言まで」		
●「これからの市民活動を考える」シリーズ・フォーラム		
パート①	1998.12	「箕面におけるのぞましいしくみ・制度について」
パート②	1999.1	「NPOは社会を変えるか？—NPOほどエキサイティングなものはない」
パート①	1999.3	「ワークショップ：市民と行政のパートナーシップ—経験から語るこれまで，これから」

　一方，まちづくり提言活動や政策の検証に関しては，市民の立場からのオールタナティブなプランを提案し，市民的・公共的な議論を巻き起こしながら，市民がまちづくりに関心をもち，参加できる状況を創ることをめざしているが，まだ市民や行政を巻き込むには至っていない。さしあたっては，これまでの市民参加の経験を検証し，成果を継承しつつ参加システムの"市民化"を模索する，市民・行政協働のワークショップを始めている。

　③　活動のフォーメーション

　現在，コアメンバーは十数人で，会社員，主婦，公務員，大学教員，市議会議員，会社経営者などさまざまな立場にある。ほとんどが福祉，環境，まちなみ保全などの市民活動の中心メンバーや研究者，議員であり，〈文化ファーム〉はそれらの個別活動をまとめるのではなく，活動から得られたものをもちより，あらたな事業を展開していく場所（プラットフォーム）を志向している。つまり，メンバーのやりたいことをプロジェクト化し，それを全員がサポートしていくという進め方である。したがって，場合によっては複数のプロジェクトが併走することもある[28]。

　④　〈箕面文化ファーム〉の「参加」のスタイル

行政とのパートナーシップに関しては，前述のように公共圏としての「場」の設定そのものが協働のひとつの形態と考えている。そのような「場」へ，市民とともに行政職員が「参加」し「協働」することがパートナーシップのひとつの実質である。
　〈箕面文化ファーム〉は一種のプラットフォーム的組織として地域の市民活動，NPOネットワークのハブとなることがその役割のひとつであり，その上に地域の総合的なまちづくり提案が可能になるかもしれない。しかし，市民的な認知や行政との突っ込んだ関係構築など，現実的な課題は多い。将来的には一種の地域シンクタンク（コミュニティ・シンクタンク）的な活動を視野に入れている[29]。

(2) みのお市民まちなみ会議

　「みのお市民まちなみ会議」（以下〈まちなみ会議〉と呼ぶ）は"箕面のまちなみを守り育てる"ことを目標とする市民活動団体である[30]。

① 発足の経緯

　〈まちなみ会議〉は都市景観づくりを推進するために行政が呼びかけ，応じた市民が参集して1996年3月に発足した行政呼びかけ型の市民活動であるが，当初から市民主体の活動を展開しており，最近は独立した組織への脱皮を志向している。
　発足当初，参加者の関心のベクトルは多岐にわたり（美化，ゴミ問題，里山の緑保全，歴史的・近代的まちなみ保全等），景観行政批判を言う声もあったが，市民対行政あるいは市民対企業という構図を超えて，"まちなみ"は市民が建てる住宅や，行政・民間企業の建築物によって形成されるものだから，市民も自分のこととして"まちなみ"創造に参加するという立場に立とうという方向の合意が自然に生まれた。このような認識の獲得は活動スタイルの自発性，自主性を育て，活動を自分たちで自律的に担うというスタイルが定着した。

② 活動概要

　当初から，活動の方向を見通すために現場の視線を大切にしており，その

ためタウン・ウォッチングによるわがまち再発見を活動のベースとしている。そしてそれを年1回の「まちなみパネル展」にまとめ，発表している。

　タウン・ウォッチングは年数回実施してきた。最初のタウン・ウォッチングのとき，市内桜ヶ丘にある大正時代に開かれた「住宅改造博覧会」跡の美しいまちなみを見て，感動したのが「まちなみパネル展」の発端である。この地区の由来や時代背景を学ぶうちに，市民に広くこのまちなみの価値を訴えるために「パネル展」を開こうとメンバーの意思がまとまった。"住宅博跡地"をひとつの地域まちなみ資産として大切にしていくことを訴え，間接的に保存の雰囲気を醸成することをねらったものである。その効果は，この地区の3棟の洋館が文化財保護法による登録文化財に指定されたこと，4棟が条例に基づく箕面市景観形成建築物の指定を受けたこと，さらにこの地区全体を対象に「大阪まちなみ賞・特別賞」（大阪府他主催）を受賞したことなどに現れている。このように始まったパネル展は，以後毎年度末に開催されている（表10-4）。

表10-4　まちなみパネル展のテーマと内容概要

時　期	テ　ー　マ	内　容　概　略
1997.1～2	桜ヶ丘の洋館通り―住宅改造博覧会跡地のまちなみ	地域の歴史的資産を語る事によって，地域の人々がそれを認識し大切にすることを誘発する
1998.3	くらしの風景―わたしの風景	日常的で豊かな風景要素をさまざまな視点から切り取る
1999.3	にぎわいの風景―出会いのまちかど	人が集まる所にまちなみが形成される。商店，祭り……
2000.2	まちなみを飾る―見せる工夫・魅せる演出テクニック	誰もが玄関先などを「飾る」ことを通して景観形成に参加できる

　「まちなみパネル展」という具体的作業を伴う行動目標を設定したことが，メンバーに活動目標を与え，かつ作業を自ら担うというフィルターを通して活動への主体性が確立されていった。

　この，自分たちで企画し，実行するというやり方は以後の活動スタイルとして継承されている。例えば，会の「通信」の発行や市内の樹木を散策しな

がら巡ることのできる「樹木マップ」の作成などはメンバーの有志が自発的に企画・推進している。

③ 活動のフォーメーション

〈まちなみ会議〉は非常に柔軟な組織で，出入り自由，定員なしであるが，タウン・ウォッチングやパネル展が市の広報紙やミニコミ紙に紹介されると，新規の参加者が増える。コアメンバーは約40人で，建築，都市計画，樹木，デザインなどの専門家，絵画の得意な人の参加もあり，"まちなみ"について自由に話しができる場として機能しており，その話し合いを通して上述のようなプロジェクトが自然に立ち上がっている。

組織形態も，近未来には事務局，資金を含めて市民活動として自立するための具体的な仕組みを構築しつつある。ゆるやかな活動形態を大切にしながら効果を生み出せるような，新しいNPO的組織形態を模索している。

④ 〈まちなみ会議〉の「参加」のスタイル

〈まちなみ会議〉は，アドボカシー型と事業型（啓発活動）が混在した市民活動である。今，市民が取り組みやすい，具体的で実効性のあるまちなみづくり方策の提案が求められている。例えば，市民版景観ガイドライン，誰でもできる美観形成手法など，市民が容易に参入できるまちなみづくりを定着させることである。また，将来的には特定の建物の保存や景観行政への提言などの課題にも直面することも考えられ，そのときには〈まちなみ会議〉を母胎に，テーマに応じたチームを派生することも必要であろう。ここでの「参加」は行政への参加ではなく，市民が地域社会へ参加することを意味している。

初動期のまちづくりの重要さが指摘されているが[31]，"まちなみ"などの合意しやすい（一方で権利関係などの調整が困難なところもあるが）ところから，"まちづくり"をスタートさせていくことが大切なのである[32]。

3 地域づくりNPOの構造

例にあげた地域づくりNPOに共通する組織論は，ベースにゆるやかなプ

ラットフォームが形成され，その上（まわり）にいくつかのプロジェクトグループであるサブシステムが取り囲んでいるという構図である。

　また，パートナーシップに関しても既存の関係，慣習，規則などにとらわれない新しい形が試みられている。それは，あらかじめ理念的に設定されたものではなく，「住民から市民へ」[33]，「市民自らが自立し，自発的な行為を相互に補いあって組み立てる，社会システム」[34]というコンセプトから行動が出発し，それに相応した仕組みが自然にできあがっていったということによるものと思われる。

　また，緊張感をもった関係でありながら行政の委員会などにも出向していくという姿勢，行政との共同事業はできるだけ推進していくという姿勢は，地域活性化という目標を共有することによって連携を可能としている。同時に，地域づくりNPOの形態の柔軟さが，考え方のさまざまなレベルの存在を許容し，協働できるところを探して協働することを可能にしているように思われる。

　さらに，このようなプラットフォーム型の組織型態は，情報の集約，さまざまなスキルをもった人材のネットワークが可能なことから，アドボカシー・プランニングなどの政策提案を行う組織として適している。この意味からも，シンクタンク機能への志向も見受けられる。

　特徴を整理するとおおよそ次の通りである。

- 単純なネットワーク型組織ではなく，あるところに強力なハブをもったネットワークが重なり合っている構造をもつ。これにより新しい状況への柔軟かつ強力な対応が可能となる。
- 一般市民が志を立てたときに容易に組織づくりができる仕組みが必要であるが，ハブのまわりにサブシステムを生成させ，ハブが支援するという構造が有効に働く。
- 地域づくりNPOは，政策形成力が求められる。専門性，常設性，地域密着性をもった政策づくりを支える地域シンクタンク（コミュニティ・シンクタンク）が必要となる。

- 行政との適度な緊張関係と，一方でNPOの力を可能な限り行政に提供し影響力を及ぼすという柔軟かつしたたかな戦略的発想が必要である。
- カリスマ的なリーダーではなく，構成員の意欲や思いを形にすることを促進するファシリテーター型のリーダーが求められる。

5．「参加」を支える仕組み
────コミュニティ・シンクタンクの必要性[35]────

1 市民の政策提案づくりのサポートシステム

(1) 参加としての政策提言

　参加型社会への移行をさらに定着させるために，「参加」を保障するための"仕組み"が必要である。「市民参加条例」や「市民活動促進条例」などは市民参加やNPO事業を促進するための制度的インフラといえようが，これらは社会構造の枠組みを定義しているに過ぎない。大切なのは「市民が何をしたいか」「何を必要と感じるか」であり，そのために制度を使いこなすことが肝要である。これらの仕組みを活用しながら，例えば行政計画に対するオールタナティブな政策を提示し，それを事業化していくことが必要なのである。

　この政策提案機能は，地域・コミュニティの課題に対して周到な調査を基に，実現性ある解決プログラムを構築していくことであり，市民自らが事業化プロセスを踏むことも前提としているのである。

　ただ，コミュニティの課題は一般に多くの要因が絡み合っており，市民個人や市民団体の対応能力を超える場合があり，ここに専門組織が求められる必然性がある。市民が政策主体として登場するとき，政策形成を実質的に支える機関（サポート組織）が必要になる。

(2) インターミディアリーとしてのサポート組織

　地域のサポート組織は，市民セクターと行政が織りなす空間のどちらの側にも付きすぎない関係を保つ必要がある。そういう意味で，サポート組織は

インターミディアリー（中間組織）であって，それはNPOという組織形態が最もなじむと考えられる。しかし，現実の組織形態は後述のように多様なものが考えられる。

このような地域サポート組織は，アメリカで1960〜70年代の都市開発の運動の中に登場した，「計画主体となるべきコミュニティの市民，とりわけ政治力や技術資源を欠いた集団を支援する」[36]アドボカシー・プランニング（Advocacy Planning），市民参加の「プロセスを促進するために，計画の基礎知識や，計画作成に必要な資料や，計画案の内容をかみ砕いて市民にわかりやすくビジュアルに提示する専門家」[37]パブリック・アウトリーチ・コンサルタント（Public Outreach Consultant）の系譜をも受け継いでいるということができる。

2　地域づくりNPOのシンクタンク機能

(1) コミュニティ・シンクタンクの必要性

政策形成をサポートする役割をもつ機関としてはシンクタンクがある[38]。シンクタンクは，一般に非営利で，民間の，独立した政策研究組織をもち，政策形成に影響力を与える機関とされている[39]。政府・行政や企業からの独立性がポイントであるが，日本においては，営利非営利を問わず財政基盤が脆弱で，独立した立場からの政策提案は現実的に困難であり，社会における多様なアクターの声や考えを政策形成過程に反映する役割をほとんど果たしていないことが指摘されている。もとより，市民やNPOをクライアントとする政策研究・提言は皆無に近い。

このことから，市民やNPOの政策研究・提言を支援し，あるいは市民の政策提言能力をエンパワーメントする機関＝組織として，新しい形態のシンクタンクが必要であるとの結論に導かれる。このシンクタンクは，市民のニーズに依拠し，政策として展開する役割をもつことから，地域・コミュニティに根ざしたものである必要がある。これをわれわれは「コミュニティ・シンクタンク」[40]と呼ぼう。

(2) コミュニティ・シンクタンク像

コミュニティ・シンクタンクの特徴と意義は次の4つである。

ひとつ目は、市民社会をつくる、という明確な志向をもったシンクタンクであること。コミュニティ・ニーズを「新しい公共」と位置づけて、自らの事業分野をそこで開拓し、地域の市民活動団体、NPOとともに新しいセクターを確立していこうとする専門家集団である。

ふたつ目は、市民活動団体やNPO、あるいは地域団体や地方議員らを主要なクライアントに想定していることである。コミュニティ・シンクタンクは、コミュニティの住民、NPOが主体となって地域課題解決のための事業を始めるときや政策提案を行うときに、専門的立場から支援する機関である。そういう意味で、"街のかかりつけ医"といえるかもしれない。

3つ目は、コミュニティ・シンクタンクはコミュニティ[41]にベースを置いている、ということ。コミュニティ資源（ソーシャル・キャピタル）を把握し、住民や行政、企業とのネットワークをもっている。何より地域の課題を肌で感じることができる位置にいる。

4つ目は、研究プロセスでは自治体や地域の大学などとも連携をとり、参加型でソリューションを練る作風を得意とする。すなわち、住民や行政、企業などの協働関係のもとに社会実験をプロデュースすること。コミュニティ・シンクタンクに求められる姿は、地域に根ざしたThink and Do Tankである。

コミュニティ・シンクタンクの最大の意義は、「公共政策」を、住民＝市民にとってより身近なものとし、住民自らがその立案・実施・評価の担い手となるような、広義の公共政策概念を確立し、その領域を創造することにある。

3　コミュニティ・シンクタンクの創出に向けて

(1) コミュニティ・シンクタンクの芽生え

コミュニティ・シンクタンク的な性格をもった萌芽的事例はすでにいくつ

か存在する。例えば、NPO政策研究所／神戸復興塾／明石まちづくり研究所／まちづくり情報センターかながわ（アリスセンター）／財団法人公害地域再生センター（あおぞら財団）などである[42]。これらの事例から次のようなコミュニティ・シンクタンクの基盤となる環境要素がいくつか見えてきた（表10-5）。

表10-5　コミュニティ・シンクタンクの基盤的環境

地域の暗黙智に根ざす	独自性発揮の源泉である地域の歴史的背景、価値観や評価尺度と思考パターンなどを含む文化、政治力学などで構成される「地域社会の暗黙智」に対する深く厚い理解が必要である。
自発的参加意識とその持続性	コミュニティ・シンクタンクには、ボランタリー（自発的）な参加意識が求められる。同時にその涵養とそれを持続させる能力も併せもたねばならない。
人財ネットワーク	地域の専門家、プロデューサー、ファシリテーターなどが活躍できる環境をつくるとともに、住民との接点を常に開いておく。相互の信頼感こそが人財ネットワークの基礎である。
正当な評価	コミュニティ・シンクタンクの活動成果を広く地域社会に問いかけることは、社会的認知を得ることにもつながる重要な要素である。
志	先進的な高い志やビジョンをもつことは、きわめて重要かつ必要なことである。しかし、同時にその志は地域社会にとっての妥当性を具備していなければ、共感・共鳴が得られにくい。

(2) コミュニティ・シンクタンクの役割と機能

コミュニティ・シンクタンクの役割と機能はおおよそ次のとおりである。
- 住民、NPOの政策立案、政策形成の支え（住民自治のサポーター）
  - 市民活動がコミュニティの課題解決のために行う調査研究を、専門的な立場から支援する
- 地域に根づいた政策研究機関として、公共的課題（行政課題を含む）について調査研究を行う
  - 行政へのアドバイス、コンサルティング、市民的視点からの代替案の作成、提案
- 新しい形のインターミディアリー組織（市民、企業、行政をつなぐもの）
  - 「まちづくり」のセンター、地域の情報センター、「地域学」の研究

所
- まちづくりをすすめる市民と企業・行政のパートナーシップのコーディネイト
- まちづくりに関する総合的インタープリター

(3) **コミュニティ・シンクタンクに必要な資源と組織形態，運営**

ここでは，資源項目のみをあげておく。

> ヒト／モノ／カネ／データ・情報／ネットワーク／企画力・政策力

　組織の法的形態としては営利法人（株式会社，有限会社），非営利法人（財団法人，社団法人，特定非営利活動法人），任意団体，協同組合など，運営体制は専任職員中心型，ネットワーク型，委員会型等が考えられる。市民・NPO・議員・自治体職員・大学教員を非常勤研究員や，特別研究員として巻き込み，柔軟かつ多様な構成員による活動の展開も期待できる。

　一方，研究員やコーディネーターが，専門職として地域社会からの認知を得，職業として成立できなければ，自立したインターミディアリーとしての力を発揮することは困難である。ボランタリーな個人の意識・価値観にのみ頼っていては，社会の仕組みとすることはできない。コミュニティ・シンクタンク実現へ向けての重要な課題のひとつである。

(4) **課題としての政策市場の創出**

　シンクタンク経営でもっとも困難なのは一般的な市場がないことである。研究内容や政策提言がどこにも受け入れられないのでは意味がない。コミュニティ・シンクタンクにおいても同様であるが，ひとつは，政策提案を市民参加型の事業として社会実験など行政を巻き込みながら展開する方向をめざすこと，今ひとつは，コミュニティ・ソリューションを市民事業あるいはコミュニティ・ビジネスとしていく方向が考えられる。さらに，議員との対話を深め，議員の政策をバックアップするのも重要な役割である。

6. おわりに

　地域づくりにNPOが果たしている役割は，地域づくり，まちづくり活動の実質的担い手であると同時に，ある意味でそれらの活動の存在自体が「目的」のようにも見える。活動の活気はそこに由来しているようだ。これは，メルッチの言うように「(新しい社会運動組織は) 自己言及的性格を有している。それは，もはや単に目標達成のための『道具的』存在ではなく，そこではその運動自体が目標となっている。集合行為は文化的コードに焦点を当てるため，運動の形式そのものがメッセージとなり，支配的コードへの象徴的挑戦となる」[43]ことに他ならない。この含意は，活動維持や組織維持が自己目的化しているということではなく，社会運動は社会全体の部分であるが，社会は社会運動により新しい形が与えられるものであるので，社会を変革するためには変革運動の自己改革が必要であり，社会運動(例えば地域づくりNPO) が社会の先駆的モデルとして社会の中にビルドインされていくということである。活動参加者は新しい社会モデルをその活動の中に実践しているのである。こうして，地域づくりは目標到達のプロセスそのものが成果となる。

　こうした見方から，地域づくり活動は成果もさることながら行為の形式・形態あるいは組織構造に大きな意味があり，同時に運動の形態自体が社会により多くのインパクトを与えるということが敷衍される。NPOの特性とされる多元性，多様性，先駆性，自発性，非営利性，変革性など[44]は，主にその形態，組織構造に関わる定義であることに留意すれば，運動・活動のもつ「形式」の重要さは明白であろう。市民にとって運動への参加は，人生が新しい形式の衣を纏うことを意味するのである。

　さて，地域で新しい価値をつくりだし活発な活動を続けている多くの地域づくりNPOは，ハブ＋ウェブ型の形態であることがわかった。プラットフォームの上にさまざまなサブシステムが乗っているような構造である。この

ネットワーク構造は，単なる広がりをもったのっぺらぼうのウェブではなく，重層的かつ立体的なネットワークである。こうした組織構造は，サブシステムが常時生まれたり消滅したりすることが可能であって，自由かつ自在に実験を行うことが可能なのである。

「小さな」実験＝実践を組み上げていく以外に市民「参加」が実体化することはない，と冒頭に書いたように，「小さな」かつ「自在な」サブシステムの実践によって「参加」は担保される。そして，「参加」は社会を少しずつしかし確実に変えていくだろう。したがって，このような「構造」（システムではなく）を数多く用意することが，参加型社会へのひとつの入り口となるだろう。

注
1) 相川（1999），世古（1999）等を参照。
2) NPO は Non-profit Organization または Not for Profit Organization の略で，営利企業に対して非営利組織をさすが，一般に正式に組織されている，民間の，利益配分を行わず，自己統治をしており，自発的（非宗教的かつ非政治的）な組織であるといわれる。NGO (Non-Governmental Organization) は文字どおり非政府組織をさす言葉であるが，NPO とほぼ同義で使われる。NPO も NGO も現在日本では一般にグラスルーツの市民公益活動団体をさす言葉として用いられることが多い。今田（1999）より整理。
3) 地域づくり活動（NPO）例については，陸井他（1992）「地域術」，山崎（1993）「文化が地域をつくる」，NPO まちづくり研究会（1997）「NPO とまちづくり」，田村（1999）「まちづくりの実践」などを参照。地域づくり NPO として，アメリカの CDC (Community Development Corporation) が興味深い。秋本（1997），ハウジングアンドコミュニティ財団（1997），川合（1998），日本青年奉仕会＋明治生命（1999）等を参照。
4) C's（市民活動を支える制度をつくる会）のホームページより。1999年6月末までの NPO 法人申請団体調査結果で，669団体にアンケートし，402団体の回答があった。
5) NPO政策研究所（1998）「コミュニティ総合政策研究──奈良町・コミュニティ総合政策第1次研究報告書」参照。現在「サスティナブル・コミュニティ構想」に拡張されている。また木原（1998）参照。
6) 5節，コミュニティ・シンクタンクの記述を参照。

7) 秋元 (1988) p. 4 を整理。
8) 新川 (1996) p. 116
9) 例えば「箕面市非営利公益市民活動促進条例」の前文には『これまで，専ら市が担ってきた公共の分野において，市民の自発的で自主的な意思による社会貢献活動を行う非営利団体が社会サービスの供給主体として，確固たる事業を行うことが求められています。』とある。箕面市 (1999) 参照。
10) 荒木 (1990) pp. 3-4 を整理。
11) 新川 (1996) p. 111
12) 篠原 (1973) p. 3
13) 篠原 (1973) p. 4
14) 金子 (1999) p. 164
15) アーンスタインの市民参加の8つの段階＝梯子は，次の通りである。参加度の低い段階から，操作 (manipulation)，治療 (therapy)，情報提供 (informing)，相談 (consultation)，宥和 (placation)，パートナーシップ (partnership)，権限移譲 (delegated power)，自主管理 (citizen control)。アーンスタインは，アメリカにおける3つの連邦補助事業（都市改造事業，反窮貧事業，モデル都市事業）執行の具体的ケースをもとに，市民の政策決定に対する影響力の度合いに従って市民参加の形態を8つの階梯に分類した。この階梯を日本の自治体における市民参加状況に適用するには問題が多いという指摘は当初からあった。篠原 (1973), pp. 24-26参照。
16) 田村 (1999) pp. 130-131
17) 辻山 (1998) p. 19
18) 江藤 (1998) pp. 133-135。③の条件は後述のコミュニティ・シンクタンクとして実体化している。
19) 橋本 (1998) pp. 159-160
20) 橋本 (1998) p. 159
21) 箕面市 (1997b) pp. 3-5
22) これらの条項は，まちづくりの理念をうたった「まちづくり理念条例」の第3条「市民は，まちづくりの主体であって，まちづくりに参加することにおいて平等であり，市民相互に協働するとともに，市と協働してまちづくりの推進に努めるものとする」および第4条「市長は，市民がまちづくりに参加することができるように，その条件の整備及び情報の公開に努めるものとする」を受けている。箕面市のまちづくり関連の条例の体系については，久 (1999) pp. 240-247参照。
23) 2000年2月現在。箕面市役所へのヒアリングによる。
24) 篠原 (1973) p. 4
25) 〈WTA〉に関しては，代表中村氏へのヒアリングとまちづくりセンター訪

問 (1998年 8月),「あっぷる通信」, 各種パンフレット,「市民活動通信」(1998年12月号, 三重県市民活動センター), 中村 (1997) 等を参照した。
26) ここでは, パブリックな議論の中から, コミュニティ・ソリューション (金子, 1999) とそれをになう主体を生み出す場, をイメージしている。
27)「箕面市非営利公益市民活動促進条例」は1999年6月議会で成立した。同年10月1日施行。
28) 例えば, 1999年11月から機関紙「月刊〈とまと〉」での『市民活動・NPOじゅずつなぎ』と銘うった市民活動の紹介情報提供プロジェクトと, これまで箕面市などで行われてきた市民参加の仕組みを市民の側から検証しようというプロジェクトが進行中である。
29) 筆者は, 箕面文化ファーム, みのお市民まちなみ会議それぞれのメンバーである。
30)〈みのお市民まちなみ会議〉については, 久 (1998) pp. 36-37, 久 (1999) p. 246参照。
31) 初動期のまちづくりに関しては, 久 (1998) を参照。
32) 注29を参照。
33) 中村 (1997)
34) 中村 (1997)
35) 本節の記述は筆者が部会長をしている「コミュニティ・シンクタンク研究会」(NPO政策研究所研究部会) の中間報告書 (1999年 8月) に多くを依っている。ここに記して執筆者一同に感謝したい。研究会は1998年5月に始まり2000年 3月をめどに報告書を作成中である。
36) 秋本 (1997) p. 236
37) 秋本 (1997) p. 185
38) 日本のシンクタンクについては, 鈴木 (1997), 総合研究開発機構 (1997), 総合研究開発機構 (1999) などを参照。海外のシンクタンクについては, 上野・鈴木 (1993), アーバン・インスティチュート (1994), 下河辺 (1996) などを参照。
39) 鈴木 (1997) による。
40)「コミュニティ・シンクタンク」の名称は, 21世紀ひょうご創造協会「地域社会における民間非営利組織 (NPO) の役割とその可能性に関する研究」に見られるが, そこでは「市民学会」の文脈で, 市民の課題とNPOをつなぐものとされている。ここでいうコミュニティ・シンクタンクの概念は地域と市民活動・NPOの政策形成のサポートの必要性から出ている。NPO政策研究所 (1999), 傘木 (1999), 吉川 (1999), 加藤他 (2000) などを参照。
41) ここでいうコミュニティは空間的にも人口的にも中規模の市のサイズを一応考えている。

42) ＮＰＯ政策研究所（1999）pp. 17-41 に12団体の事例を紹介している。
43) メルッチ（山之内・貴堂・宮崎訳）（1997）pp. 64-65
44) 山岡，久住他（1997）pp. 10-17, 154 などより整理。

参考文献

アーバン・インスティチュート，上野真城子監訳『政策形成と日本型シンクタンク―国際化時代の「知」のモデル』東洋経済新報社，1994年

アルベルト・メルッチ，山之内靖・貴堂嘉之・宮崎かすみ訳『現代に生きる遊牧民（ノマド）―新しい公共空間の創出に向けて』岩波書店，1997年

相川康子「官民協働のルールを考える」『兵庫地域研究』神戸新聞情報科学研究所，通巻18号，1999年

秋本福雄『パートナーシップによるまちづくり』学芸出版社，1997年

秋元政三「市民参加の現在と問題状況」田中義政編著『市民参加と自治体公務』ぎょうせい，1988年

荒木昭次郎『参加と協働』ぎょうせい，1990年

今田　忠「NPOとはなにか」『NPO政策研究所・第2次電子論文集』NPO政策研究所，1999年

上野真城子・鈴木崇弘『世界のシンク・タンク』サイマル出版会，1993年

江藤俊昭「住民合意の新しい形」辻山幸宣編著『住民・行政の協働―分権時代の自治体職員7』ぎょうせい，1998年

NPO政策研究所「コミュニティ総合政策研究―奈良町・コミュニティ総合政策第1次研究報告書」NPO政策研究所，1998年

―――――「コミュニティ・シンクタンクをつくろう―コミュニティ・シンクタンク研究中間報告書」NPO政策研究所，1999年

NPOまちづくり研究会編『NPOとまちづくり』風土社，1997年

加藤良太・泉　留維・岡村こず恵・山本有紀「コミュニティ・シンクタンクとしてのNPO―その概念と実現のための方策を考える」『日本NPO学会第2回年次大会報告論文』2000年

傘木宏夫「地方議員と地域NPOの連携を」朝日新聞，1999年3月19日付

川合正兼『コミュニティの再生とNPO』学芸出版社，1998年

関西情報センター「都市を再生する柔らかな政治ネットワーク」『「あそび」をとり入れた地域づくり』総合研究開発機構，1999年

金子郁容『コミュニティ・ソリューション―ボランタリーな問題解決に向けて』岩波書店，1999年

木原勝彬「コミュニティ再生とNPO」『市政研究』大阪市政調査会，1998年夏号

陸井眞一・池田志郎編『地域術』晶文社，1992年

C'sのホームページ（http://www.vcom.or.jp/project/c-s/）

下河辺淳監修『政策形成の創出—市民社会におけるシンクタンク』第一書林，1996年
篠原　一「市民参加の制度と運動」『岩波講座現代都市政策II　市民参加』岩波書店，1973年
直田春夫「コミュニティ・シンクタンクのあり方について・試論」『NPO政策研究所設立記念論文集』NPO政策研究所，1998年
────「市民参加の新しい形を求めて—箕面市の市民参加型まちづくり」『地方自治職員研修』公職研，2000年3月号
鈴木崇弘「日本におけるシンクタンク—政策研究機関としての現状と課題」『ESP』経済企画協会，1997年9号
世古一穂『市民参加のデザイン』ぎょうせい，1999年
総合研究開発機構「シンクタンク年報　1998」総合研究開発機構，1999年
────「NIRA政策研究」総合研究開発機構，1997年6月号
田村　明『まちづくりの実践』岩波書店，1999年
辻山幸宣「住民と行政との新しい関係の構築」辻山幸宣編著『住民・行政の協働—分権時代の自治体職員7』ぎょうせい，1998年
中村伊英「市民社会のサポートを目指して」『あすの三重』㈶三重経済社会研究センター，No. 106，1997年
長沢　均「市民参加条例で，市民の意志を反映した行政運営を」『地方自治職員研修』公職研，1999年6月号
新川達郎「住民参加から住民協働へ」小笠原浩一編『地域空洞化時代における行政とボランティア』中央法規出版，1996年
㈶21世紀ひょうご創造協会「地域社会における民間非営利組織（NPO）の役割とその可能性に関する研究」㈶21世紀ひょうご創造協会，1995年
────「分権と開かれた社会における公私関係のあり方に関する研究」㈶21世紀ひょうご創造協会，1998年
日本青年奉仕会，明治生命編『NPOは地域を変える』はる書房，1999年
ハウジングアンドコミュニティ財団編著『NPO教書』風土社，1997年
橋本　卓「制度的保障としての住民投票制度—箕面市市民参加条例」辻山幸宣編著『住民・行政の協働—分権時代の自治体職員7』ぎょうせい，1998年
久隆　浩「対話の時代における住民主体のまちづくり」『市政研究』，大阪市政調査会，1998年夏号
────理念条例によるまちづくりの体系化—箕面市」小林重敬編著『地方分権時代のまちづくり条例』学芸出版社，1999年
松本　誠「人と暮らしのネットワーク」『月刊社会教育』㈶全日本社会教育連合会，1998年4号，
箕面市市民参加施策推進懇話会「箕面市の市民参加の推進に関する提言」同懇

話会・箕面市，1996年
箕面市「箕面市まちづくり理念条例の趣旨及び解釈」箕面市，1997年a
―――「箕面市市民参加条例の逐条解説」箕面市，1997年b
―――「箕面市非営利公益市民活動促進条例逐条解説」箕面市，1999年
山岡義典・久住剛他，山岡義典編『NPO基礎講座』ぎょうせい，1997年
山崎正和編著『文化が地域をつくる』学陽書房，1993年
吉川　淳「NPO，行政と『協働』推進を」日本経済新聞，1999年6月4日付
渡辺俊一編著『市民参加のまちづくり』学芸出版社，1999年

11

地域づくりと
日本型フィランソロピーの可能性
──文化経済学と財政学的接近からみた試論

1.「フィランソロピー」とは何か

　フィランソロピーとは「人類愛」という意味で,ギリシャ語が語源である。「やさしい人間愛社会をめざして」という訳語（あしなが育英会／あしながPウォーク10の標語としての）もあるが,そこには社会公益のために寄付行為をしたり,ボランティア活動を行ったりするNPO,NGOの非営利セクターの事業の創出・貢献による地域社会の創造,福祉活動など多様性のある,社会におけるプルーラリズム（多元的価値主義）の実現する手段としての社会サービス提供を実現する「ある新しい社会使命のためのパラダイムとしての社会システムの問題」として,捉えることができる。ここでいう社会サービスの提供とは総合的社会生活環境から産出される広義の厚生福祉（ウェルフェア）の創出に,役立つやさしい人間愛に基づく市民のボランタリーな活動によるものをさす。

　地域の行財政とか国家の役割は,税の課徴・強制性と消費者主権に対する干渉という意味での「価値財（メリット財）」の提供を意味する。他方NPO,NGOのもつフィランソロピーの意味は,ボランタリーの活動を促進するための寄付や市民公益活動の進展を動機づける「ボランタリー経済社会活動」の潜在力を引き出す,非営利団体の権利獲得の力を公共（国や地方政府の「官」）から取り戻すことにある。

2. 地域づくりと広義の福祉・文化政策

　21世紀に向かい, 人口の高齢化にともなう福祉社会を築きあげるためには, 現代日本の社会にふさわしい地域社会の福祉を形づくる「総合的な社会・生活環境」の形成とその理念の再検討こそが最も重要な課題である。

　現代日本の社会にふさわしい福祉ニーズの範囲と理念を検討するためには, 「対個人向けの福祉社会サービス」ばかりではなく, 社会的・経済的環境に影響を与える社会サービス (social services) の多くの項目を含めて捉える考え方が必要である。ここで重要なことは, 地域社会の福祉・文化政策の内容が, 社会保障という制度の枠を超えて, 社会的, 生活環境にも及ぶ総合的福祉を形成する社会資本ストックの整備, ならびにそれから生み出されるフローとしての「社会サービス」の量的質的な水準の向上の推進に向けられるという地域づくりの政策展開を必要としている。この地域づくりの政策の根幹は, 適切な経済成長の過程から得られる所得や資産という成果を, 地域づくりとしての福祉社会構築の「ルネサンス」に必要となる社会的厚生の公平な分配のために, 資源配分の政策目標を「総合的社会・生活環境」の保全, 開発のための地域の生活者本位の社会サービス提供の福祉・文化政策に転換することである。

　ここでは, 筆者は広義の社会サービスの内容で捉える。社会サービスの提供は, いわゆる社会資本として, 産業基盤関連でもある運輸・通信, 上・下水道などの公益事業資産, 生活基盤関連の強い教育, 医療, 社会保障, 福祉, 環境整備, 住宅等の社会サービス資産, そして産業および生活環境にまたがる共通の国土の保全, 土地利用計画, 都市計画に基づいて形成される公共資産, すなわち社会的なインフラストラクチュアに対応するものに位置づけられる。つまり, 広義の公共福祉の内容を形づくる社会サービスの提供は, 社会サービスとしての総体（トータル）としてのインフラストラクチュアを構成する「地域づくりの総合的社会・生活環境」を意味するものである。

3. 地域づくりの非営利団体と文化産業の担い手

　地域づくり，まちづくりにおける市民と公共ホールのかかわりからみた文化芸術振興，ならびに地域における歴史的な町並み保存，自然環境と都市の調和をめざした「エコミュージアム（＝生活・環境博物館）」構想の可能性，市民活動や環境づくり，広い意味における社会サービスの提供としての「総合的な社会・生活環境」から生みだされる地域間福祉づくりの質「生活の質（クオリティー・オブ・ライフ）」のレベルアップ等々の事例研究は，非営利団体の役割，経済と文化をつなぐ文化産業の振興をそれらの課題について多くの論点を提示してくれている。

　地域づくり，まちづくりの非営利の市民公益活動の多くの事例研究は，これまでの従来からいわれている「企業フィランソロピー」や「企業メセナ」といったかたよった社会的貢献活動という日本型の社会経済システムの概念から，新しく脱皮し，もっと幅の広い社会的参加を模索する意欲的なものが数多くある。これらの事例には，米子市の今井書店の「本の学校」という山陰地域から生みだす手づくりの出版文化活動の展開があり（サントリー地域文化賞受賞），長浜市の北国街道ガラスの「黒壁」による町おこし事業の成功，長野県の「野沢温泉村」のスポーツリゾート都市文化創造から生みだされる町づくり，また長野の小布施における「北斎美術の町づくり」，そして伊勢神宮の門前町における新しい「おかげ横町」の再開発の事業活動等があげられる。

　これらにみられる動きは，新しい企業文化を再構築しようとする原動力を創造し，企業と個人（市民）が共存繁栄する新しい地域づくり，町づくりの社会経済システムをめざすものである。このことは，企業としての文化産業と地域社会の共生として，21世紀へのフィランソロピー（世のため人のためお役に立つ働き＝社会貢献還元活動）への関心が強まりとなっていることを示すものである。また企業または商業その他の産業は企業市民としての「良

き市民性」という自覚をもち，企業の社会的責任を義務として認める存在でなければならない。企業または商業その他の産業の本来の活動目的以外に，積極的な企業自身の社会貢献還元の正当化の理論を示すためには，「啓発された自己の利益」の考え方が最も合理的である。ここでは地域社会に限定して，企業活動を捉えると，地域社会の福祉・教育・文化芸術と環境の保全保護等に対し，企業が市民と非営利のボランタリーな団体と一緒になって援助・支援そして振興に対し力を貸すのは，企業自身の利益に結びつくのだという考え方がそれなのである。例えば地域づくりの非営利団体の文化芸術活動に対して，支援や振興のためのスポンサーシップ等を発揮するのは最も一般的なものだといえるのである。まちや地域の文化発展につながる文化産業の発展は，地域社会での企業の「啓発された自己の利益」の考え方に支えられているからである。すなわち地域の経済の発展は，地域の文化の発展を可能にし，文化の発展も経済の発展に寄与するのだという意味である。

4．文化開発と地域文化交流振興の役割

　地域づくり，まちづくりの社会的価値ならびに文化芸術価値が市民公益活動の中に，意義が認められるとき，地域社会貢献の活動を行おうとする人びとの「志」は実現される。そのための仕掛として，非営利の公益活動の潜在的能力を引き出すための社会的な「仕組み」づくりの構築は急務である[1]。

　文化とは「心の糧（かて）」のこと。地域におけるモノの豊かさを生み出す経済の発展は，地域における心の豊かさを享受する文化の発展を可能にし，文化の発展も（地域社会の）経済の発展に寄与する。地域づくりによる「まち」や「都市」の発展には，文化芸術の発展を重視し，ゆとりのある「実り多き社会（good society）」を形成する「文化産業」を生み育てる振興，支援策が必要である。

　「経済」は「文化」によって規定されている，あるいは「経済」も「文化」の一分野であって，また文化現象の経済化という問題は，いうならば

「文化としての経済」の意義を掘り出すための応用について考察することである。地域づくり，まちづくりの文化の発展には，次に示す5つの文化発展の要素（要因）が大切である[2]。

① 文化環境（アメニティ）と歴史的風土
② 文化の享受能力をもった市民，人材育成（教育，ネットワーク化），企業市民
③ 文化創造能力をもつエリート層――とりわけ生きがいと「志」のある青年層の活性化
④ 交流――そのための装置としてのハード，そして組織としてのソフト面，地域交流振興，国際文化交流振興等による文化芸術交流
⑤ 行政，企業，市民等による文化芸術振興組織――財団，社団，公社，公益信託，第三セクター方式他

以上の5つの要素の中でも，とりわけ④の文化芸術にかかわる装置としてのハードと組織としてのソフトの重要さは，「地域やまち・（都市）づくり」における「文化ストック」として捉えることにある[3]。

「文化ストック」の役割には3つある。まず第1は，文化的で芸術的遺産の保存とその集積されたものとしての，ある種の「文化記憶装置」である。その第2には，国際的な文化芸術交流，地域間における文化芸術交流振興，そして企業・産業・個人間にまたがる組織的文化交流を通して生み出す，空間的で時間的（いうならば時代間や世代間にも及ぶ）ような2つのパターンで展開されるものとしての「文化交流装置」がある。その第3には，前に掲げた5つの文化発展の要素の中に包摂されている，文化開発の種と潜在能力を引き出すものとしての，「文化孵化装置（インキュベター）」の構造に支えられているものがそれである。

以上の3つの装置の中に存在している「ハード」と，文化芸術の創造者としての芸術家・学術研究者の組織の集団，文化芸術支援・振興の非営利団体，それに文化芸術の享受能力をもつ需要者としての地域の市民の中ではぐくまれている「ソフト」との結合と融合によって，「文化創造」としての社

会的アウトプットが，社会文化基盤の中から，産出されるというものである。

5．地域づくりは「ヒトづくり」

　以上のように文化発展と5つの要素に関わる考察は，次のように説明することができる。

　地域づくりの課題は，まず「ヒトづくり」である。地域に住む，あるいは地域間の人びとの人的交流にたずさわる個人，人びとのグループ，企業団体，行政はいろいろな活動（例えば歴史的文化的景観の保全，まちづくりとしてのウォーキング・トレイル計画，国際的文化劇場都市シェクスピアの生誕地のストラットフォード，アポン・エイボン市との文化交流の進展，文化的な風土を生かした「エコミュージアム」構想に基づいた伊賀全体の「生活・環境博物館」づくり構想等）を行い，そこから，それらの「社会的アウトプット」を生み出している。それらのアウトプットの中には，地域の文化産業の商品や文化芸術的な作品，文化的歴史建造物，歴史的まち並み保存としての建築環境地域の自然環境や景観の保全という形のものもあれば，伝統的文化風土，風俗・生活習慣，あるいは伝統的お祭り，年間の祝祭イベントの開催，その他，社会的制度というように無形のものも決して少なくはないのである。このようなものについての社会的・文化的価値が認められると，地域と地域外にある多くの人びとは，それらの「文化創造」によるアウトプットを手に入れたり，その実態を見学したり体験したいとする欲求が生み出され，地域社会のあらゆる人，モノ，カネ，情報等の交流が展開されることになるのである[4]。

　それらの交流にはさまざまなレベルで，例えば横に広がっていく空間的文化交流，そして縦に広がって展開する時間的文化交流というパターンが重層的に存在する。つまり，地域づくりは，自分たちが生産する社会サービス（広義の公共福祉・文化の水準）によって創り出される「質的アウトプッ

第11章 ■ 地域づくりと日本型フィランソロピーの可能性

ト」に対し，多くの関心と興味をもち，社会的，文化的価値が認められることにより，地域の人びとの「心の糧」となり，人びとの心の中に誇りを抱かせるようになることである。

「まちおこし，むらおこし，地域おこし」で話し合う「地域づくりの市民参加型のフォーラム」などで「出る杭は打たれる」という言葉をよく耳にすることがある。それを聞くと「出る杭は打たれるという嘆きがある。」という，数年ほど前の朝日新聞夕刊のコラム「窓―編集委員室」を筆者は思い出す。

その中でこんなことを書いていた。「地域づくり」には人材が大切である。フォーラムなどでよく話題になるのが，「出る杭は打たれる」という嘆きであり，ぐちといってもよい。とくに農山村でこの傾向が強い。若い人びとが地域の集会で地域づくりの素晴しい発言や提案をするようになってきている。地域づくりでは積極的な意見は大切であり地域の文化創造力の源となる。住民だけではない，市町村役場でもやる気のある職員は「はみ出しもの」と白眼視されがちである。しかし，地域づくりは，古くからある町のもつ優れた良さを引き出さなければ，成功は期し難い。そこでは，この「内なる大きな問題」にどう対処するかは避けて通れない問題である。

だが，決して「はみ出し組」はもともと弱者ではない。次第に「したたかさを身につけ進展して人々の文化創造への熱情を広めていきつつあると，朝日新聞の編集委員は感じている。」というコラムの内容である。

このコラム「窓」の文脈と主意は，以下5点に要約できる。それは愛知県内のとある地域で開かれたフォーラムで，村の職員（係長）さんの説いている，「出る杭がくさらない五カ条」というものである。その第一条は，批判されるのは，無視されるよりましと喜ぼう。第二条は，足を引っ張る人を内なる敵と思わず，辛抱強く巻き込んでいくこと。第三条が，わかってくれる住民，隠れたファンはいる，と思おう。第四条は，まちが好きなら，自分のロマンにかけられるはず。第五条として，少なくとも5年間は続けること，発展させていくこと。

ひとつの流れが，地域づくりの中に生まれるにはそれぞれの時間がかかるものである。

地域づくりと「日本型フィランソロピー」の仕組みづくりには，「志」を広げて受け継いでいく「大きなヒトづくり」が重要である。NPO・NGO そしてフィランソロピーの精神も事業体のミッションもすべて「ヒトづくり」が基礎にある。したがって，日本型フィランソロピーには，市民，市民公益活動団体，企業市民，それに国・地方の行政の四者のゆるやかな連携と共生の関係づくりが重視されることが大切である。そのためにも「社会開発・文化開発」はもとより「人間開発としてのヒトづくり教育」のプログラムは最重要の課題である。

6．「市民参加型社会」と日本型フィランソロピーの源流

「成熟社会へのフィランソロピー」の日本型の源流は江戸時代までさかのぼり，その当時の上方商人以来の伝統が連綿と継承されてきたのであると，サントリー不易流行研究所の伊木稔氏は説く。明治期の大阪の企業者活動は，学校・図書館・美術館・公会堂・病院などのまちづくりのシンボルとしての近代的で進歩的な公共的インフラである施設等の設立に尽くしたのである。その日本型のフィランソロピーの背景に，事業経営の節々には，顧客や世間や社会に対し感謝の念で報恩としての貢献活動で還元するという江戸時代以来から培われてきた関西人の「商いの心とフィランソロピー」の伝統がある。伊木氏の主張は，明治以降の日本型のフィランソロピーに影響を与えたのは，ふつういわれる欧米のキリスト教的な慈善事業活動の思想だけではなかったということである。これは，W. M. ヴォーリズの同志仲間で結成され運営されている「近江兄弟社」の設立の使命にも，近江商人の「三方よし」（売手よし，買手よし，世間よし）の精神が表現されているように思える。大阪は「町人の町」で「官」や「公」に依存することなく，自立性，自

主性，自由性の商人道の精神を育ててきた。「町人」は商人として富の蓄積を増加し，文化・芸術・まつり・イベントなどの支援振興に力を尽し，関西歌舞伎・文楽・俳諧文芸・出版などの「都市の文化芸術産業化」への開花が実現されている。大阪御堂近くにあったという高等な研究・教育機関としての「懐徳堂」と，近郊にある平野の「含翠堂」は，町人のための町人によるひとつの「大学」であると呼んでもよいが，その学舎の燈灯が150年以上にも亘ってともりつづけ，江戸時代の大坂商人の学問・教育の情熱と知的生産という「文化創造力」をさらに継承させていた。

このように「自治都市・堺」以来の歴史的伝統の中で，関西は文化構造的，社会構造的に国家の枠組みから「自律性」を保ってきた。このことから関西ひいてはグレイター神戸の阪神・淡路地域の復興・創生が，文化・社会・経済などのあらゆる局面で，「非国家的・自律的組織」によって成り立たせ，さらに，NPO・NGOの新たな活動の潜在的可能性は，「行政補完型の公益法人等」になりさがらない独立の気風の中で，日本型フィランソロピーの活用の原点を推進させているのである。

文化芸術支援・振興の文化系 NPO，そして「人づくり」「まちづくり」「地域づくり」のために，1998年3月成立の『NPO法案』施行後に「ボランタリー経済の誕生」の新しい制度が必要となる。来たるべき21世紀に，日本で大阪に次ぐもので，神戸にふさわしい・神戸ならではの・神戸にとって最も大切なモニュメントとして「文化系神戸コミュティ財団」の創設を筆者は提案したいのである[5]。

1998年2月の長野冬季オリンピックは，10個の金メダル獲得と大いなる感動を与える一大文化イベントだった。また3月に日本で初めて開催された冬季パラリンピックは，文化・福祉系の NPO の裏方さんが大活躍するものであった。このようなスポーツとしての文化イベントは，多くの人びとのボランティアの活動と地球市民の環境系 NGO の「裏方さん」としての民間非営利経済活動のサポートに支えられていることを忘れてはならない。

また，1997年12月に京都で「気候変動枠組み条約第3回締結国際会議（C

OP3）」が開催されていることは記憶に新しい。NGOの代表格といえば内外の「環境NPO」またはアフリカやアジアなどの難民救済活動や人権擁護活動，地雷除去活動，開発支援活動などを行う「国際NGO」の存在が多くのアピールを，全地球の地域社会に情報発信しつづけている。

　この姿は，21世紀の来たるべき「市民参加社会」を象徴するものである。京都の「COP3」のNGO活動の内外の運動には，「関西」といった地域社会の歴史と生活文化に根ざしたところから（『縁』Vol. 80），捉え直してみることが大切ではないだろうか。

　河上倫逸氏の主張は次のとおりである。氏は「けいはんな学研都市」や「関空」など大阪ベイエリアに展開している民間主導によるビッグプロジェクトや，日中国交回復以前の民間レベルの民際外交，自治体や民間企業その他市民レベルでの地域都市間の文化・経済交流活動などを，また広い意味でのNGO活動に包含されるのではないか，と指摘している。

　真に地域社会，地球社会市民にとって，優しい社会システムの新しい動向は，地域への社会的貢献のアウトプットとして，きわめて品質の高い社会サービス提供（民間非営利経済活動）のための人材育成とその環境づくりなどの支援振興を保証する，最低限の社会的な「仕組み」となる。そしてそれは，「受け皿」と「受け手」の連携を一層強いものにするインセンティブづくりの原動力であり，「真なる21世紀への架け橋となる」と期待できるのである[6]。

7．むすびにかえて
――地域社会の「ボランタリー経済」活性化と「フィランソロピー税制」の可能性――

　ここでフィランソロピーと寄付税制による「優遇措置」について考えてみたい。すなわちフィランソロピー税制という措置は，政府が財源を租税徴収により確保した，予算を通じて改めて支出する方法を選択するよりも，多くの多様性に富んだ共同財とか社会サービスの自発的供給を誘発するインセン

ティブを創出する（柴田弘文「研究の窓」『社会保障研究』1996年）ものとみる。最もたいせつな視角は，公共財（パブリック・グッズ）の提供がどうあるべきかの政府の判断が，租税による公共収入財源の確保を第一主義とするものではなく，納税者，投票者であるNPO・NGO活動を支えるフィランソロピーに燃える社会成員の欲求を無視しないことである。これは租税民主主義（＝財政民主主義）に支えられる真実の「租税思想の成熟」によるコミュニティのあり方に依存し，政府の税金は納税者（＝社会成員）の合意に根ざした「社会からの預り物」であるとする理念が，根底になければならない。公共財の提供は，政府のみが担当するものではなく，民間の市場化措置（マーケット・モディフィケーション）方式や非営利団体（NPO）その他の活動の方式等でも，また「社会サービス」提供の民間活力の利用によっても可能であり，行政の判断を優先させる政治社会風土の下で狭く限定しないことである。社会公益にとって，社会正義の実現のための意思決定については，寄付者（義援金・支援金負担人をも含む）の「志」や地域の社会成員の自主性を尊重する，「地球市民」のレベルにまで広がる公益創造の民意に従うという，「グローカリーな視座」に立って，地域社会にとってもより一層に有用な共同財としての性格をもつ公益創出効果に貢献できる「社会サービス提供」を，社会全体ではより多く，しかも質の高いものとして供給することが，期待できるような成果を重視するものであろう。

「フィランソロピー」の活動は，現代財政学の視点から考えると，民間の市場経済部門における「市場失敗（マーケット・フェイリヤー）」と政府主導による公共部門における「政府失敗（ガバメント・フェイリヤー）」を是正し，社会改善のための非営利団体（NPO）の活動が生み出す「非営利経済」ならびに「ボランタリー経済」の部門の場として捉えることもできる。言い換えれば，それは，「自発する経済とコミュニティ」のかかわりとして捉えられる。「市場」を中心とする経済は生産と消費の場であり，それに対応して総合的な社会生活環境を構成する「生活」の場がある。生活者本位の消費は地域社会の経済活動も含んでいる。しかし，後者の場では，必ずしも

お金の価値の尺度で測定はできない。家計部門を構成する生活者としての家庭や家族とか、地域社会のコミュニティとか、いま議論の対象となる非営利団体（NPO），非政府組織（NGO）の経済活動とは、経済的な原理で動くものではありえない。このような活動の場に存在している領域は「ボランタリー経済」と呼ばれるものであり（金子・松岡・下河辺編『ボランタリー経済の誕生』実業之日本社，1998年），地域社会で活発なボランティアもこの「ボランタリー経済」（＝筆者のいう民間非営利経済活動）もひとつの活動である。

阪神淡路大震災でのボランティア活動などが契機となり「ボランティア元年」「ボランティア革命」といわれ，それがきっかけで生まれたNPO法は1998年12月1日から施行された。この法律がうまく活用されれば，市民主導による非営利活動の大きな味方になることはいうまでもない。しかし，この法律の使われ方次第では，大きな展開は期待できそうもない。

そのひとつに，NPO法では，団体への寄付金に対する控除など税制上の優遇措置については，2000年に見直しすることになっている点である。その場合の税制上の優遇措置，いうならば「フィランソロピー税制」の政府による今後の取り組み方そのものにより，NPO・NGO全体の活動が社会的評価をうけることを通じて導きだされることである。税制面の優遇が必要だとする世論（public opinion）とその社会的合意が生みだされるのかどうかにかかっている。それは，まさに，現行の税制改革の議論の「場」で必要なのである。与党ならびに政府の双方の税制調査会は，この点をどうみているのであろうか。実に不可解でもある。

NPO法には，NPO法人格取得のために，NPO法人の設立を申請する目的で発起人設立の集まりの目的や組織を検討のうえで，団体の設立総会も開き，必要書類をそえて，当該団体の事務所がある都道府県の窓口に提出する。事務所が複数の県にまたがる場合は経済企画庁がその窓口となることとなっている。手続きを経てNPO法人の認証がえられれば，法律的には一人前となり，社会的信用を増すことになるメリットがある。法人格を取得した

団体は一定の組織があり，活動の継続性を期待できるとともに，団体活動を評価する物差しにもなるのである。NPO法人格認証・取得により，個人的な集まりから，社会が認知する団体となるには，NPO法人の活動内容や事業報告書などの会計責任の公開と開示（ディスクローズ）という社会的責任が生じるのである。NPO法人であっても収益事業をする場合には，NPO本来の活動であっても法人税法上の収益事業として税務当局より認定されると法人企業と同様に，納税義務も生じることはいうまでもない。赤字の場合には課税とはならない。

　NPO法人ごとに，認証がなされたNPOに対する「法人県民税減免措置」や「市町村税減免措置」を，法施行に伴ってNPO団体支援の一環の政策をとる地方自治体も多くあることは注目される。朝日新聞社は，1998年11月3日現在の調査では，「全国の32都道府県はNPO法人に対する税の優遇を決定し，また11道県が減免を検討中」であり，12月1日から兵庫県でも法人県民税減免を決定したことを報道している。

　しかし，NPO法には，施行の後2年後の2000年度に見直し，「団体への寄付金に対する控除など税制上の優遇措置について検討するものと，法律に記されている。これはNPO法が当初から完璧なものではなく，欧米先進国の「フィランソロピー税制」の観点からも劣っていることを意味している。したがってNPO法の施行の革新性は認められるが，しかし，実に「市民参加型」の地域社会を支える非営利活動のボランタリー経済の育成を期待するという「法の機能」にはほど遠いものであることは，やはり事実であろう。

　それに対し，フィランソロピーの社会哲学的バックグラウンドにささえられた「公益信託（チャリタブル・トラスト）」の先進国のイギリスでは古くは16世紀の救貧法の時代に起源をもつといわれる，公益信託ユース法が20世紀の初めには「公益信託法」として確立され，さらに1990年代には本格的なチャリティ法の制定により「イギリス流の公益信託法による税制面での優遇措置」が実施され，実効性を高めている。日本の「フィランソロピー税制」は一部の社団，財団等に対して与えられる「公益法人税制」をいうのであ

り，一般の NPO 全体の税制面での優遇措置を講じるという行政の施策に対する配慮に欠ける点で劣っている。

   (謝辞)　本章は，1999年度神戸学院大学健康科学研究助成金による研究成果の一部である。記して謝意を表したい。

注
1)　髙島 (1996) pp. 17-26
2)　山田 (1998) pp. 3-6
3)　山田 (1996) pp. 6-7を参照。
4)　髙島 (1997)
5)　これは，1999年度に設立されようとしている「しみん基金・KOBE」である。この基金の定款(案)の第3条では，「本法人は，神戸市を中心とする地域の個人及び市民団体(特定非営利活動法人を含む)による公益を目的とした活動に対する助成事業や個人・企業に対する社会貢献活動の啓蒙を行うことによって市民団体等の活動を促進し，21世紀の市民社会にふさわしい魅力と活力のある地域の創造に寄与することを目的とする」ものである。事務局の案によれば，「1999年度，事業計画」「2000年度，事業計画」等が提示され，本年度中に本格的に「しみん基金・KOBE」初年度予算(案)で，収入約7900万円，そして2000年度予算(案)で収入1億530万6000円となっている。まさに「しみん基金・KOBE」の発足は画期的であり，かつ近い将来には，例えば「新しい神戸コミュニティ財団」にまで発展させていく可能性をもった，ひとつの種子であると信じたい。
6)　個人の自発性が欠落した「日本のフィランソロピー」と警告を与え，舶来概念の単純な輸入ではない，「日本型フィランソロピー」の創造にむけて，官と民ともに現状打破，「市民参加型社会」指向の意識変革について論じるのは，加藤幹雄・(財)国際文化会館常務理事の以下の論説である (加藤，1993)。

参考文献
加藤幹雄「日本型フィランソロピーは可能か」『By-LINE』October，1993年
髙島　博「文化・芸術支援振興とフィランソロピーの社会経済学」『福祉時代の地域社会貢献と文化・芸術支援に関する社会経済学的研究』フィランソロピー研究フォーラム・(財)21世紀ひょうご創造協会共同研究，1996年3月
髙島　博「『地域まるごと博物館』としての個性ある伊賀の地域づくり」『伊賀百筆』Vol. 4，1997年7月

山田浩之「地域づくりと文化・経済」『日本計画行政学会関西支部年報』第17号，1998年3月。
山田浩之「都市・経済を再生・発展させる『文化産業』の要素―都市と文化と経済―序論的考察」『季刊文化経済学会』No. 15（Vol. 4 No. 3），1996年

■付属資料■

フィランソロピー研究フォーラムの開催経過
　　　　　　　　　　　　　　　（肩書き等は当時のものを掲載）

【平成8年度】
・第1回　5月20日（月）
　　報告者：国立民族学博物館　　端　信行
　　タイトル：文化経済型社会の諸問題
・第2回　6月17日（月）
　　報告者：甲南大学教授　　森田　三郎
　　タイトル：アメリカのコミュニティにおけるボランティア活動
・第3回　7月29日（月）
　　報告者：豊中市広報課　　中川　幾郎
　　タイトル：これからの文化行政のあり方
・第4回　9月30日（月）
　　報告者：阪神・淡路コミュニティ基金代表　　今田　忠
　　タイトル：阪神・淡路コミュニティ基金について
・第5回　11月11日（月）
　　報告者：阪神文化復興会議事務局長　　河内　厚郎
　　タイトル：文化産業と阪神の復興
・第6回　11月25日（月）
　　報告者：大阪ガスエネルギー文化研究所副所長　　古館　晋
　　タイトル：阪神文化復興とフィランソロピー
・第7回　12月16日（月）
　　報告者：有限会社Tスクウェア代表取締役　　青木　孝子
　　タイトル：地に足がついて来た社会貢献活動―企業財団，経団連のとりく
　　　　　　　み，市民団体の意識―
・第8回　1月20日（月）
　　報告者：松山大学経済学部助教授　　北島　健一
　　　　　　岐阜経済大学経済学部講師　　石塚　秀雄

姫路獨協大学経済情報学部教授　　中久保　邦夫
　　タイトル：社会的経済の理論と現状
・第9回　2月10日（月）
　　報　告　者：立命館大学政策科学部教授　　川口　清史
　　タイトル：ヨーロッパ福祉国家の新展開と非営利・協同組織

【平成9年度】
・第1回　4月21日（月）
　　報　告　者：堂内　克孝（神戸市立成徳小学校PTA会長，灘区まちづくり協議会委員）
　　　　　　　　清　　達二（田無市立向台小学校PTA会長（1995年度），日本経済評論社出版部）
　　タイトル：新しい地域コミュニティの可能性とPTAの役割：震災時の経験を踏まえて
・第2回　5月26日（月）
　　報　告　者：AMDA（アジア医師連絡協議会）事務局長：近藤　裕次
　　タイトル：「AMDA」の活動と海外NGOの支援について
・第3回　6月16日（月）
　　報　告　者：桃山学院大学社会学部教授　　上野谷　加代子
　　タイトル：参加と協働の福祉コミュニティについて
・第4回　7月16日（水）
　　報　告　者：㈱CAD計画研究所　　熊倉　浩靖
　　タイトル：姉妹都市関係を活かした環境保全活動
・第5回　9月8日（月）
　　報　告　者：滋賀大学経済学部教授　　北村　裕明
　　　　　　　　㈶滋賀総合研究所主任研究員　　秦　憲志
　　タイトル：社会経済システムの変化と市民事業
・第6回　10月7日（火）
　　報　告　者：慶應義塾大学経済学部教授　　山田　太門
　　タイトル：NPOの組織論的研究─消費者協同組合等について─
・第7回　11月17日（月）
　　報　告　者：甲南大学文学部助教授　　鵜飼　孝造
　　タイトル：地域社会とNPO

・第8回　12月9日（火）
　　報 告 者：サントリー文化財団事務局長　　杉谷　健治
　　タイトル：サントリー文化財団の活動事例及び助成財団の現状と課題
・第9回　1月12日（月）
　　報 告 者：チッタゴン大学教授　　イフテカル・ウディン・チョドリ
　　タイトル：NGO & Women Development in Bangladesh

【平成10年度】
・第1回　4月21日（火）
　　報 告 者：豊中国際交流協会事務局長　　雨森　孝悦
　　タイトル：自治体と国際協力
・第2回　5月11日（月）
　　報 告 者：神戸大学法学部教授　　佐藤　英明
　　タイトル：非営利組織をめぐる課税関係
・第3回　7月27日（月）
　　報 告 者：大阪NPOセンター事務局長　　真嶋　克成
　　タイトル：NPOサポートセンターの活動とその役割について
・第4回　9月30日（水）
　　報 告 者：大阪大学経済学部教授　　宮本　又郎
　　タイトル：江戸，明治期の大阪町人の社会貢献活動
・第5回　10月19日（月）
　　報 告 者：ルミナリエ日本総代理人　　今岡　寛和
　　タイトル：神戸ルミナリエに見る企業，市民の社会後見活動
・第6回　11月9日（月）
　　報 告 者：一粒の会代表　　太田　吉雄
　　タイトル：近江八幡の八幡郵便局再生運動とヴォーリスの思想
・第7回　12月14日（月）
　　報 告 者：上野印刷㈱取締役（「伊賀百筆」編集委員）　　池澤　基善
　　タイトル：伊賀上野のまちづくり
　　報 告 者：近畿日本鉄道㈱企画室次長　　池田　征二
　　タイトル：伊賀知ったかぶり
　　全体による座談会（上記の発表者に加えて，下記の者を交えての座談会）：
　　　　「文化開発とフィランソロピーを考える―伊賀上野を事例として―」

　　　　　　　　中川　幾郎　帝塚山学院大学法政策学部助教授
　　　　　　　　直田　春夫　関西情報センター地域計画部主席研究員
　　　　　　　　隅野　哲郎　大阪ガスエネルギー・文化研究所
・第8回　2月22日（月）
　　報告者：今井書店グループ代表　　永井　伸和
　　タイトル：本の学校の活動を通した社会貢献
・第9回　3月27日（土）文化経済学会関西支部との共同開催
　　報告者及び討論者：
　　　　　　　神戸学院大学人文学部教授　　　　　伊藤　茂
　　　　　　　神戸学院大学経済学部教授　　　　　髙島　博
　　　　　　　アート・エイド・神戸事務局長　　　島田　誠
　　　　　　　㈶サントリー文化財団事務局長　　　杉谷　健治
　　　　　　　㈶21世紀ひょうご創造協会主任研究員　金川　幸司
　　　　　　　国立民族学博物館第三研究部教授　　端　　信行(コディネート)
　　タイトル：文化経済学とフィランソロピー

索引

ア 行

アート・エイド・神戸の活動 …………157
アーンスタイン（S. Arnstein）………178
アカウンタビリティ（説明責任）………135
商いの心とフィランソロピー …………212
秋元政三 ……………………………176
あしなが育英会 ……………………205
新しい形のインターミディアリー組織
 …………………………………196
アップル通信 ………………………185
荒木昭次郎 …………………………177
ある新しい社会使命のためのパラダイ
 ムとしての社会システムの問題 ……205
阿波のまちなみ研究会（鳴門市）………86
アンホイザーブッシュ財団（バドワイ
 ザービール）………………………149
伊賀上野 ……………………………173
伊賀上野の事例から（まちづくりNPO
 「ウィリアム・テルズ・アップル」）…182
伊木稔 ………………………………212
イギリスのナショナル・トラスト
 …………………………………107, 113
出石城下町を活かす会（出石町）………87
出石町 …………………………………89
伊勢神宮の門前町における新しい「お
 かげ横町」…………………………207
伊勢田史郎委員長 ……………………158
急いでいる「しみん基金・KOBE」……165
5つの文化発展の要素（要因）…………209
伊藤茂 ………………………………ii
移動社会 ……………………………3, 10
移動の商品化 …………………………12
伊藤裕夫 …………………………ii, iii, viii
今井良広 ……………………………viii
意味創発 ………………………………30
インターネット ……………………20, 72
インターミディアリーとしてのサポー
 ト組織 ……………………………193
インフォーマルセクター（ボランティ
 アや民間非営利組織）…………………78
ウィリアム・テルズ・アップルのネッ
 トワークのフォーメーション ………186
ウィリアム・テルズ・アップルまちづ
 くり ………………………………183
植田和弘 ………………………………ii
植野和文 …………………………ii, iv, viii
上野市旧市街部 ……………………182
ヴォーリズ（W. M. Vories）…………212
受け皿 ………………………………214
受け手 ………………………………214
宇沢弘文 ………………………………29
美しく寺町を守る会（尼崎市）…………87
ウオズニアック（S. Wozniak）…………18
英国ナショナル・トラスト ……………106
エコミュージアム（＝生活・環境博物
 館）………………………………207
近江兄弟社 …………………………212
大阪コミュニティ財団 ………………167
大坂商人の学問・教育 ………………213
大野吉輝 ………………………………ii
岡本祐三 ……………………………168
音楽財団 ……………………………147

カ 行

カーネギー財団 ……………………149
買い上げ，管理契約手法………………99
会計責任 ……………………………217
懐徳堂 ………………………………213
外部資源の利用をめぐる二地域間の関係 73
外部指向的な自助グループ ……………59
顔のみえる連帯性（überschaubare
 Solidarität）………………………58
拡大する文化経済 ………………………4
樫原朗 …………………………………ii
価値観の共有化（共感化）……………22
価値財 ……………………………84, 205
学校をステーションとしたリサイクル
 システム ……………………………45
金川幸司 …………………………ii, iv, viii
金子郁容 ………………………22, 216
カルティエ …………………………162
河上倫逸 ……………………………214
観阿弥 ………………………………182
環境NPO ……………………………214
環境教育の基盤 ………………………44

225

226　索　引

環境教育の推進 …………………………36
環境協働会議 ……………………………47
環境協働会議の成立 ……………………46
環境協働のあり方 ………………………42
環境資源 …………………………………76
関係変化 …………………………………30
観　光 ……………………………97, 102
観光化 …………………………………114
観光化の課題 …………………………103
観光化のメリット ……………………102
観光による景観保全の意義 …………102
含翠堂 …………………………………213
管理システムとしての〈コモンズ
　(commons)〉………………………29
企業財団 ……………143, 147, 149, 154
企業財団と NPO ……………………143
企業財団のメリット …………………147
企業市民 ………………………………145
企業にとっての文化の大切さ ………161
企業の自発性原理 ……………………145
企業の社会貢献 ………………………145
企業の社会貢献活動 ……………………53
企業本来の事業の公益性 ……………146
企業メセナ協議会 ……………………166
企業メセナ協議会関西支部への試案 …166
気候変動枠組み条約第 3 回締結国際会
　議 (COP 3) ………………………213
技術支援 …………………………………85
北村裕明 ………………………………… ii
寄付税制による「優遇措置」…………214
教　会 ……………………………………53
共生 (symbiosis) ………………………i
行政，企業，市民等による文化芸術振
　興組織 ………………………………209
行政指導手法 …………………………101
行政主導型 ……………………………109
行政の関与 …………………………85, 88
協同組合と共済組合 ……………………53
協同経済 …………………………………53
共同生活領域 (互助) の活動 …………83
共同性の形成と NPO の役割 …………79
協働 (partnership) ……………… 35, 42
熊倉浩靖 …………………………… iii, viii
倉田和四夫 ………………………………91
㈲俥座地域研究所 (奈良市) …121, 127, 128
グレイター神戸の阪神・淡路地域の復
　興・創生 ……………………………213

グローカル (glocal) ……………………49
グローカル・ライフ (glocal life) ……49
計画的・管理的手法 ……………………99
景観形成地区 …………………………101
景観保全 …………………………97, 101
経済支援 …………………………………85
経済性 ……………………………………92
経済的インセンティブ手法 …………100
経済のソフト化 …………………………6
経済の文化化 …………………………167
芸術関係者緊急支援制度 ……………158
啓発活動 ……………………………85, 88
啓発された自己の利益 ………………208
啓発手法 ………………………………100
ゲゼルシャフト …………………………51
ケロッグ社 ………………………………35
公益活動に対する考え方 ………………83
公益信託 (チャリタブル・トラスト) …217
公益信託法 ……………………………217
公益信託ユース法 ……………………217
公益性 ……………………………………92
公益法人 …………………………………85
公益法人型 ……………………………112
公益法人税制 …………………………217
公開と開示 (ディスクローズ) ………217
公共圏 (市民社会) が形成 ……………30
公共圏の形成 (ネットワーキング) …28
公共財 (パブリック・グッズ) ………215
公共性 (公共圏) …………………24, 25
恒常的な情報提供・情報交換 …………42
高度経済社会 …………………………162
高度情報化社会 …………………………13
神戸学院大学健康科学研究助成金 …218
神戸学院大学「長期共同研究 (A)」… i
神戸港を考える会 (神戸市) …………86
神戸青年会議所 ………………………165
神戸文化復興基金 ……………………165
公務と私事 ………………………………24
交　流 …………………………………209
交流資源 ……………………………78, 84
交流社会 ……………………72, 75, 78, 91
交流社会の地域づくり …………………71
交流と交流社会の様相 …………………72
交流ネットワーク構想 …………………71
国際知的交流委員会 (CIC) …………151
心の糧 …………………………………211
個人中心のチャリティと財団 …………53

索引 227

コストとその負担	101
小浜自治会町並み部会（宝塚市）	87
コミュニティ・ガバナンスとしての市民参加	176
「コミュニティ基金」構想	166
コミュニティ・シンクタンクの創出に向けて	195
コミュニティ・シンクタンクの必要性	193
コミュニティとの関係	151
コミュニティ・ボンド	137
コモンズ	29
コラム「窓」	211
混合型	111

サ　行

西郷真理子	120
財政学的接近	205
坂越のまち並みを創る会（赤穂市）	87
佐治敬三	144
里山の保全と都市と農村の地域間交流	121
サラモン（L. M. Salamon）	17, 58
サルトル（J. P. Sartre）	163
㈱山湊（愛知県新城市）	123
サントアンドレ市	33, 34, 44
サントアンドレ・インターンシップ "Rainbow Program"	33
サントアンドレからの報告	38
サントリー音楽財団	144
サントリー株式会社	144, 147
サントリー地域文化賞	151
サントリー地域文化賞受賞	207
サントリーの社会貢献	143
サントリー美術館	144, 147
サントリー不易流行研究所	212
サントリー文化財団	143, 144, 147, 150
サントリーホール	144, 147
サントリーミュージアム	144
三方よし	212
㈲シー・ディー・シー神戸（神戸市兵庫区）	121, 125
滋賀・長浜の市民まちづくり会社, ㈱黒壁	122
事業手法	99
事業報告書	217
自己組織性を保持	92
自　助	63, 64

自助イニシアティブ	59
市場化措置（マーケット・モディフィケーション）	215
市場失敗（マーケット・フェイリヤー）	215
自助支援センター（Selbsthilfekontaktstelle）	55, 64
自助集団	54, 58
自助集団が法人化	61
自助集団の位置	52
自助集団の機能	62
自助集団の現状	59
自助集団のサービス内容	65
自助集団の種類	59
自助集団のための情報・支援センター	56
自助プロジェクト	60
自然環境保全法人	113
自然景観	98
自治会活動	71, 80, 91
自治都市・堺	213
市町村税減免措置	217
質的アウトプット	210
篠原一	177, 181
柴田弘文	215
自発する経済とコミュニティ	215
自発的参加	30
自発的なガバナンス（社会の統治）	29
姉妹都市を活かした地域環境政策	33
島田誠	ii, viii
市民型や専門型の役割	88
市民活動が成熟化	119
市民公益活動	208
市民参加	173
市民参加型社会	vi, 212, 214
市民参加とガバナンス	177
市民参加の深化・広がりとその内容	179
市民社会における文化	163
市民主導型	112
市民的公共圏	23
市民の参加への道	27
市民の緑化活動である「BCグリーン」プログラム	39
市民まちづくり会社	119, 130, 131, 135, 137
市民まちづくり会社の概念図	120
市民まちづくり会社の類型	134
市民まちづくり会社の類型化	133

228　索　引

下河辺淳 …… 216
下林宏吉 …… 168
社会からの預り物 …… 215
社会経済領域 …… 53
社会サービス（social services） …… 206
「社会サービス」提供の民間活力の利用 …… 215
社会サービス提供（民間非営利経済活動） …… 28, 214
社会サービスの自発的供給 …… 214
社会性 …… 92
社会的アウトプット …… 210
社会的価値 …… 208
社会的監査（social audit）の導入 …… 135
社会的共通資本 …… 29
社会的貢献活動 …… i, 144
社会的コスト・効果を財務監査 …… 135
社会的自助グループ …… 53
社会的ニーズを探す …… 151
社会的領域（公益） …… 83
社団と非営利法人税制 …… 53
承徳インターンシップ "緑色行動計画（Green Action Plan）" …… 37, 38
情報インフラストラクチャー …… 26
情報革命 …… 18, 19
情報化ネットワーク …… 17
情報（コミュニケーション）革命 …… 17
情報提供 …… 30
情報ネットワーク社会 …… 18, 20
ジョブズ（S. P. Jobs） …… 18
自律性 …… 213
自律的な社会サービス …… 29
新川達郎 …… 92, 176, 177
心筋梗塞患者の会話グループ …… 62
新建築家技術者集団西播磨ブロック（龍野市） …… 86
新コミュニティ論 …… 51
震災後の文化 …… 159
新自助組織論 …… 51
人類愛 …… i
杉谷健治 …… ii, viii
直田春夫 …… v, viii
スタンプス（J. Stamps） …… 23
ストラットフォード，アボン・エイボン …… 210
世阿弥 …… 182
「生活・環境博物館」づくり構想 …… 210
生活資源 …… 76
生活の質（クオリティー・オブ・ライフ） …… 207
政策的含意（インプリケーション） …… vi
生産資源 …… 76
政治的公共圏 …… 25
政府失敗（ガバメント・フェイリヤー） …… 215
関劭 …… ii
1907年に保有 …… 107
剪定枝などのチップ化（マルチング化） …… 47
総合的社会・生活環境 …… 206, 207
相互性（Gegenseitigkeit） …… 58
荘子 …… vi
組織性 …… 92
租税思想の成熟 …… 215
租税民主主義（＝財政民主主義） …… 215

タ　行

大学 …… 213
「第3のセクター」つまりNPOセクター …… 53
第四次全国総合開発計画 …… 71
高崎インターンシップ …… 46
高崎市（民） …… 37, 42
高崎市等広域圏 …… 43
高崎市の5市間国際交流環境プログラム …… 33
高崎2000年環境会議専門委員会 …… 46
髙島博 …… ii, viii
多元民主主義論 …… 51
龍野霞城文化自然保勝会（龍野市） …… 87
龍野市 …… 89
〈WTA〉と「まちづくりセンター」の役割 …… 184
田村明 …… 178
地域課題 …… 75
地域間の対立 …… 77
地域コミュニティ全体へエンパワメント（権限付与） …… 138
地域コミュニティの活性化 …… 119
地域資源 …… 78
地域資源の管理 …… 75
地域づくり …… 208, 212
「地域づくり」NPO …… 173
地域づくりNPOと「参加」 …… 181

索　引

地域づくり NPO のシンクタンク機能　194
地域づくりと NPO　173
地域づくりの市民参加型のフォーラム　211
地域づくりの非営利団体　207
地域づくりへの要請　77
地域都市間の文化・経済交流活動　214
地域の範囲と生活空間の関係　75
地域文化交流の振興策　v
地域問題　91
地域やまち・（都市）づくり　209
チェコの「市民フォーラム」　25
地球環境問題　44
地球市民　215
地球市民のまちづくり　48
町　人　213
ツール（交流のための道具性＝メディア）　30
辻山幸宣　178
角村正博　ii
デポジット料　36
出る杭がくさらない五カ条　211
出る杭は打たれる　211
電子計算機（コンピュータ）の誕生　19
電子メディアの第 3 の波　19
転貸債の引受け　137
伝統的建造物群保存地区　101
デンマークのカールスバーグ財団　149
㈱トアロードまちづくりコーポレーション　121
ドイツ　52
ドイツ社会国家（福祉国家）　55
ドイツにおける自助集団の現状　54
ドイツの自助集団　58
当事者たちの自助グループ　59
登録社団：老人用ケア付き集合住宅・老人ホーム・類似施設入所者の利益共同体　63
特定公益増進法人資格取得　111
特定非営利活動促進法　51
特定非営利活動促進法案（NPO 法案）　119
特定非営利市民活動支援法　163
独立自治労組「連帯」　25
都市の文化芸術　213
土地利用規制手法　99
トフラー（A. Toffler）　164

トヨタ財団　149
豊山宗洋　iv, viii
トラスト手法　97, 114
トラスト手法の意義　105
トラスト手法の分類　108
トラスト手法の類型　109
トロヤン（A. Trojan）　54, 55

ナ　行

長野県の「野沢温泉村」のスポーツリゾート都市文化創造　207
長野県南木曽町妻籠　111
長野の小布施における「北斎美術の町づくり」　207
長浜市の北国街道ガラスの「黒壁」　207
中村伊英　182
ナショナル・トラスト　107
なんたんまちなみたんてい団（八鹿町）　86
㈶21世紀ひょうご創造協会　i, 84
「日本型のフィランソロピー」の仕組みづくり　i
日本型フィランソロピー　205, 212
日本生命財団　149
㈶日本ナショナル・トラスト　111
㈳日本ナショナル・トラスト協会　108
日本の企業財団　148
ネットワーク　23
納税者（＝社会成員）　215
納税者，投票者　215

ハ　行

パートナーシップ　192
パートナーシップ型のコミュニティ　137
ハーバーマス（J. Habermas）　24, 25
橋本卓　180
端信行　ii, iii, vii
バトルクリーク市　34, 35
バトルクリーク・インターンシップ
"Sister City Earth Connect"　34
バトルクリークからの報告　39
はみ出し組　211
はみ出しもの　211
原島博　20
ハンガリーの「民主フォーラム」　25
阪神・淡路大震災からの復興・創生　i
「BCグリーン」プログラム　39

索引

非営利団体（NPO） ……………216
非営利団体（NPO）の活動が生み出す
　………………215
東丸記念財団（龍野市） ……………88
非国家的・自律的組織 ……………213
非政府組織（NGO） ……………216
ヒトづくり ……………210
費用・効果 ……………65
㈶兵庫県都市整備協会（神戸市） ……88
兵庫県ボランティア支援センター ……166
兵庫・町並み保存会議 ……………84
フィランソロピー ……………i, 205
フィランソロピー研究フォーラム
　（こうべ） ……………i
フィランソロピー税制 ……214, 216, 217
フォルクスワーゲン財団 ……………149
縁 ……………214
ブラウン（J. Braun） ……57, 58, 61, 62, 63
フランス・テレコム財団 ……………149
ブランド（S. Brand） ……………18
プルゼニ市 ……………36
プルゼニ・インターンシップ
　"Planet of the People" ……………36
プルゼニからの報告 ……………40
ブロック・グランド（包括補助金） ……138
文化NPO ……………157
文化開発 ……………v
文化環境（アメニティ）と歴史的風土
　………………209
文化記憶装置 ……………209
文化系NPO ……………213
文化系神戸コミュニティ財団 ……………213
文化経済 ……………14
文化経済化 ……………6, 10
文化経済学 ……………205
文化経済学と財政学的接近 ……………v
文化経済型システム ……………3, 13
文化芸術 ……………208
文化芸術価値 ……………208
文化芸術の創造 ……………209
文化現象の経済化 ……………208
文化交流装置 ……………209
文化コミュニティ財団構想 ……………160
文化財保護法は文化活用の促進 ……84
文化産業 ……………208
文化産業の担い手 ……………v, 207
文化支援のための財源 ……………165

文化ストック ……………209
文化創造 ……………210
文化創造能力をもつエリート層 ……209
文化創造力 ……………213
文化庁 ……………169
文化とは「心の糧（かて）」 ……………208
文化によるまちづくり ……………159
文化の享受能力をもった市民，人材育
　成(教育，ネットワーク化)，企業市
　民 ……………209
文化の産業化 ……………167
文化の消費者 ……………164
文化の発展 ……………209
文化のもつ意味 ……………160
文化孵化装置（インキュベター） ……209
別府温泉 ……………146
編集共有 ……………30
ペンタゴン ……………26
ベンチャー企業 ……………146
ベンツ財団 ……………149
法人県民税減免措置 ……………217
保　全 ……………102
保全手法の種類 ……………99
保存事業の実践 ……………85
ホフマン（H. Hoffman） ……………161
ボランタリー経済 ……………215
「ボランタリー経済」活性化 ……………214
「ボランタリー経済」（＝筆者のいう民
　間非営利経済活動） ……………216
ボランタリーの精神（voluntas） ……ii
ボランティア革命 ……………216
ボランティア・コモンズ ……………28
ボランティア団体 ……………83

マ　行

マクルーハン（M. Mcluhan） ……72
まちづくり ……………208
まちなみパネル展のテーマ ……………190
町並み保全 ……………100
町並み保存運動の推進体制 ……………90
町並み保存活動 ……………71, 84, 91
街並みを活かしたまちづくり ……………121
松岡正剛 ……………29, 30, 216
松尾芭蕉 ……………182
マルクス（K. H. Mark） ……………163
マンション型コミュニティ財団 ……165
三木の町並みスケッチを続ける会（三

木市）……86
南八幡小児童環境意識調査……45
箕面市市民参加条例……179
箕面のまちづくり……173
箕面文化ファーム……186, 188, 189
実り多き社会（good society）……208
民間主導によるビッグプロジェクト…214
民間福祉団体……53
民間レベルの民際外交……214
森定弘次……168
モンゴメリー（R. P. Montgomery）……39

ヤ 行

山口一史……ii
㈲山里文化研究所（兵庫県養父郡八鹿町）……128
予　算……214
4つの危機と2つの革命的変化……17
米子市の今井書店の「本の学校」……207
米本昌平……168, 169
世論（public opinion）……216

ラ 行

ラジカル・インターネット・ワールド…25
リサイクルプログラム……35
リップナック（J. Lipnack）……23
ルール（自生した規則性＝制度）……30
歴史的な街並みを活かしたまちづくり
　……121
レベニュー・ボンド……137
ロール（自発的にわりふられた役割性
　＝組織）……30
ロックフェラー財団……149

ワ 行

和田英子……158

A〜Z

ARPAネット……26
Glocal City-ship Millennium……49
Good Society……vi
ISO14001（環境マネジメントシステム
　国際規格）……136
LETS（地域交換取引制度）……137
NGO……17
NGOの「裏方さん」……213
NPO・NGOの新たな活動……213
NPO, NGOの組織的特性……21
NPOが地域コミュニティと密接な存在
　……152
NPOサポートセンター……136
NPOセクター……52, 54
NPO台頭の背景……17
NPOの一形態としての自助集団……56
NPOの中の企業財団……152
NPOの役割……85
NPOの要件……84
NPO法……216
NPO法案……213
NPO法人……113
NPO法人格認証・取得……217
NPO（民間非営利組織）……17, 71
Opielka……62
Think and Act Glocally（グローカルに
　考え行動する）……49
Think Globally Act Locally（地球規模で
　考え，地域規模で行動する）……49

▧ **ボランタリー経済とコミュニティ**
　　文化経済型社会システムとNPO　　　　　　〈検印省略〉

▧ 発行日────2000年5月26日　初版第1刷発行
　　　　　　　2005年10月26日　初版第2刷発行

▧ 編著者────端　信行・髙島　博
▧ 発行者────大矢順一郎
▧ 発行所────株式会社白桃書房
　　　　　　　〒101-0021　東京都千代田区外神田5-1-15
　　　　　　　☎03-3836-4781　📠03-3836-9370　振替00100-4-20192
　　　　　　　http://www.hakutou.co.jp/

▧ 印刷／製本──松澤印刷／榎本製本

　　　Ⓒ N. Hata & H. Takashima 2000　Printed in Japan
　　　ISBN4-561-95076-1 C3036
　　　Ⓡ〈日本複写権センター委託出版物〉
　　　本書の全部または一部を無断で複写複製(コピー)することは，著作権
　　　法上での例外を除き，禁じられています。本書からの複写を希望され
　　　る場合は，日本複写権センター(03-3401-2382)にご連絡ください。
　　　落丁本・乱丁本はおとりかえいたします。

好評書

竹内啓・大浦一郎・笹島芳雄
勝又幸子・久世了著
暮らしの経済
●生活にゆとりをどう取り戻すか●

B6・184頁・本体価格1500円（税別）

三重野卓著
福祉と社会計画の理論
●指標・モデル構築の視点から●

A5・280頁・本体価格3107円（税別）

梅中雅比古編著
地域の発展と地方財政

A5・208頁・本体価格2427円（税別）

池田謙一・樫村志郎
廣井脩・似田貝香門著
阪神・淡路大震災に学ぶ
●情報・報道・ボランティア●

B6・160頁・本体価格1300円（税別）

白桃書房